MIT DEM FAHRRAD ÜBER ALTE BAHNTRASSEN IM RUHRGEBIET

Mit GPS-Daten zum Download

RADTOUREN

Der beliebte Radführer

3., aktualisierte Auflage

Mit dem Fahrrad

Uwe und Christiane Ziebold

ÜBER ALTE BAHNTRASSEN im RUHRGEBIET

Die schönsten Touren auf stillgelegten Strecken

J.P. BACHEM VERLAG

Impressum

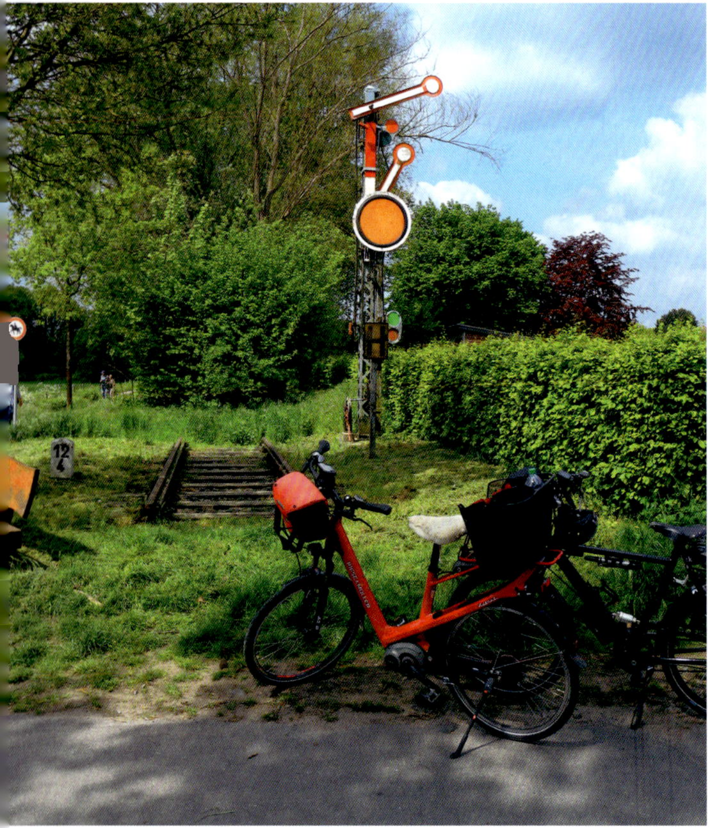

Kurzer Stopp beim Haltepunkt Born

Bibliografische Information der Deutschen Nationalbibliothek
Die Deutsche Nationalbibliothek verzeichnet diese Publikation in der Deutschen Nationalbibliografie; detaillierte bibliografische Daten sind im Internet über https://portal.dnb.de abrufbar.

3. Auflage 2023

Lektorat: Kerstin Goldbach, Bergisch Gladbach
Einbandgestaltung: Petra Drumm, Köln
Innenlayout: Heike Unger, Berlin
Reproduktionen: Repowerkstatt Wargalla, Köln
Kartengestaltung: Cindy Kinze, Köln
Kartengrundlage: maps4news.com/©here
Druck und Bindung: Belvédère Art Book, Niederlande

FSC www.fsc.org MIX Papier aus verantwortungsvollen Quellen FSC® C016391

ISBN 978-3-7616-3460-8 Buchausgabe
ISBN 978-3-7616-3462-2 PDF
ISBN 978-3-7616-3463-9 EPUB
ISBN 978-3-7616-3464-6 MOBI

Auch als eBook erhältlich

Aktuelle Programminformationen finden Sie unter www.bachem.de

Abbildungsnachweis
Alle Abbildungen Uwe und Christiane Ziebold

Hinweis: Alle Daten und sonstige Informationen im Buch sind mit größter Sorgfalt recherchiert und zusammengestellt worden. Autoren und Verlag können jedoch keine Gewähr oder Haftung für eventuelle Änderungen oder Fehler übernehmen. Sollten sich dennoch falsche Angaben eingeschlichen haben, wären wir für einen Hinweis dankbar.

Umschlagabbildung: Zeche Zollern in Dortmund

Inhalt

Über dieses Buch

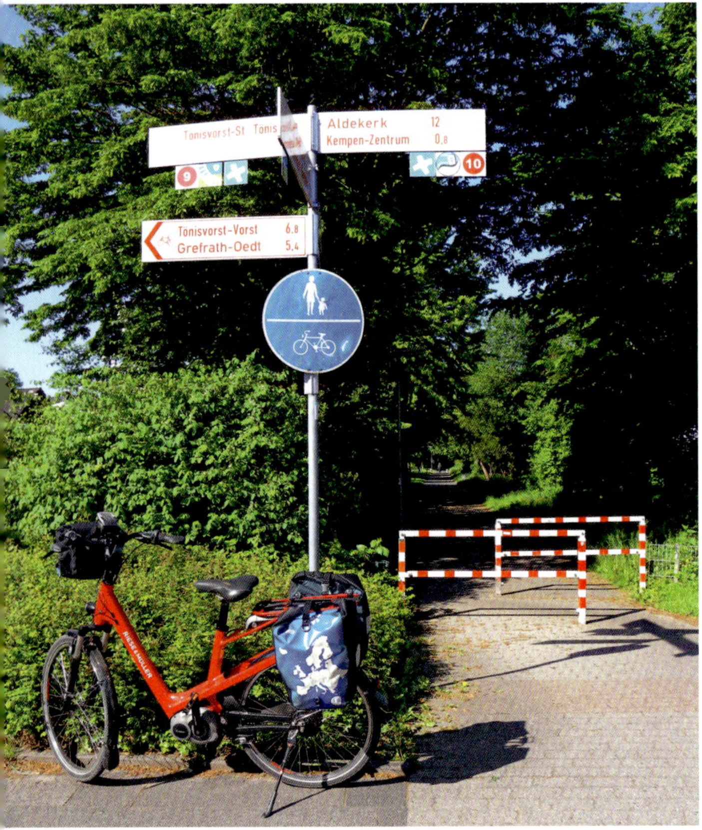

Das Knotenpunktsystem im Kreis Viersen

Das Ruhrgebiet ist für viele immer noch mit Kohle, rauchenden Schloten und Schmutz behaftet. Es stimmt, dass es so war, aber wer heute hier mit dem Rad fährt, ist erstaunt, wie grün und sauber das Ruhrgebiet geworden ist. Dass hier mitten im Revier einmal stillgelegte Bahntrassen zu Radwegen umgebaut werden und Abraumhalden erklommen werden können hätte vor Jahren niemand gedacht. Von genau diesen Bahnstrecken handelt das vorliegende Buch.

Im Laufe der letzten Jahre entstand eine Vielfalt von unterschiedlichen Bahntrassenradwegen im Revier und am Niederrhein. Von Ahlen in Westfalen bis Kaldenkirchen an der Grenze zu den Niederlanden ist die Auswahl der Trassenradwege im vorliegenden Buch breit gefächert. Für jedermann ist etwas dabei.

Der große Vorteil: Es ist mit sehr wenigen Steigungen auf den Trassen zu rechnen. Ein kleiner Nachteil besteht allerdings darin, dass Sie bei manchen Touren mit dem Rad zum Ausgangspunkt zurückradeln müssen. Nichtsdestotrotz, die Rückfahrt zeigt die Landschaft aus einem ganz anderen Blickwinkel als die Hinfahrt. So ist am Wegesrand immer wieder Neues zu entdecken. Sie werden sich wundern.

Sie können bei der Auswahl und Planung der Touren auf die Kombinierbarkeit und die beschriebenen Abkürzungen achten. Weiterhin besteht die Möglichkeit, eine Tages-, Wochenend-, oder Mehrtagestour mit Übernachtung individuell zusammenzustellen. Im Info-Kasten zu jeder Tour finden Sie Angaben zu Übernachtungsmöglichkeiten und Bett+Bike-Unterkünfte.

Autofreie Routen

Fast alle Touren sind autofrei. Bei der weiteren Auswahl der Strecken wurde darauf geachtet, möglichst verkehrsarme Straßen und Wege auszuwählen. Sollten Sie an Gefahrenstellen, Engpässen oder Steigungen kommen, finden Sie entsprechende Hinweise in der Streckenbeschreibung zu der jeweiligen Tour.

Die Ausgangspunkte sind meist Bahnhöfe mit Parkmöglichkeiten, sodass Sie mit der Bahn oder mit dem eigenen Pkw anreisen können. Es wird bei jeder Tour darauf hingewiesen, ob es sich um eine Rund- oder Streckentour handelt.

Infos und detaillierte Wegbeschreibung

Jeder Tourenbeschreibung ist ein Info-Kasten vorangestellt, in dem sowohl die Länge der Tour als auch die Wegbeschaffenheit und der Schwierigkeitsgrad der Strecke kurz beschrieben werden.

Hinweise zu Einkehrmöglichkeiten, Sehenswürdigkeiten und Freizeiteinrichtungen entlang der Strecke finden Sie im Serviceteil am Ende jeder Tourenbeschreibung.

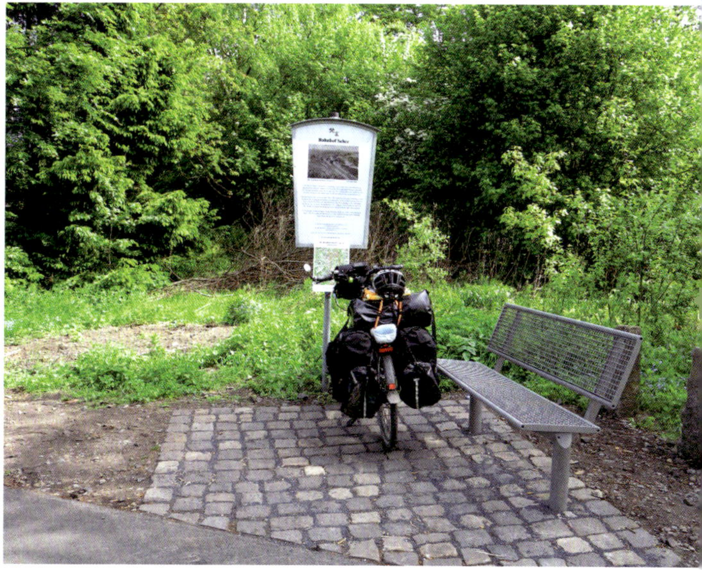

Tipps zur Orientierung

Um einen besseren Überblick über den Tourenverlauf zu bekommen und individuell planen zu können, empfehlen wir folgende Radwanderkarten:

ADFC-Regionalkarte Radrevier Ruhr Ost

ADFC-Regionalkarte Radrevier Ruhr West

ADFC-Regionalkarte Niederrhein Süd

Info-Tafel beim Bahnhof Schee

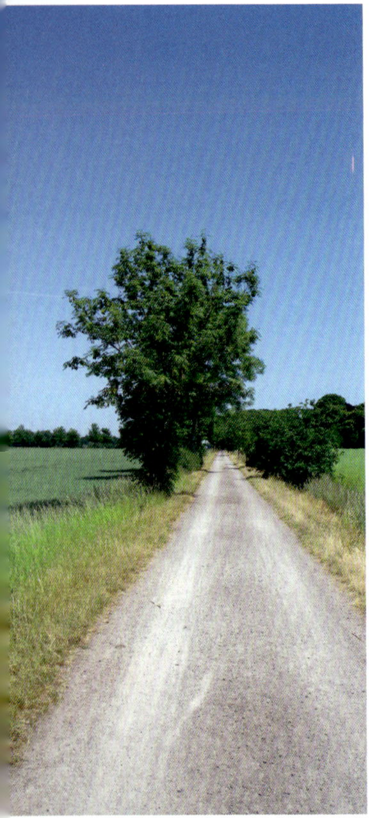

Bahntrassenradweg zwischen den Feldern

GPS-Daten

Sie können alle Touren auch mit Hilfe eines Navigationsgerätes oder Smartphones nachfahren. Die dazu erforderlichen GPS-Daten sind kostenfrei auf der Internetseite www.bachem.de als Download abrufbar.

Anreise

Einige Touren sind so konzipiert, dass Sie sowohl mit der Bahn als auch mit dem Auto anreisen können. Bitte bedenken Sie bei Ihrer Planung: Falls Sie mit dem Auto anreisen, müssen Sie bei Streckentouren zum Ausgangspunkt zurückradeln oder Bus und Bahn benutzen. Informationen hierzu erhalten Sie im Info-Kasten der jeweiligen Tour oder im Internet unter: www.bahn.de und www.vrr.de.

Bett+Bike-Gastbetriebe

Die für jede Tour vorgestellten Übernachtungsmöglichkeiten wurden sorgfältig ausgewählt.
Die Bett+Bike-Betriebe sind vom ADFC (Allgemeiner Deutscher Fahrrad Club) zertifiziert. Diese sind speziell auf Radfahrer eingerichtet und bieten neben einer Übernachtungsmöglichkeit eine abschließbare Unterbringung der Räder, Möglichkeiten, die Kleidung zu trocknen sowie ein reichhaltiges Frühstück für radelnde Gäste. Hier sind Radfahrer besonders gut aufgehoben. Weitere Informationen finden Sie unter: www.bettundbike.de.

Wann und wo darf ich ein Fahrrad mitnehmen?

Generell ist es so, dass Sie von den Bahnhöfen beziehungsweise Haltestellen an den Endpunkten der Tour ohne Probleme mit Ihrem Fahrrad an den Ausgangspunkt zurückkommen. Kaufen Sie vor Fahrtantritt ein gültiges Ticket für sich und ein Zusatzticket für das Fahrrad.

Wir wünschen Ihnen schöne und erholsame Fahrradausflüge auf den Bahntrassenradwegen im Ruhrgebiet und am Niederrhein.

Christiane und Uwe Ziebold

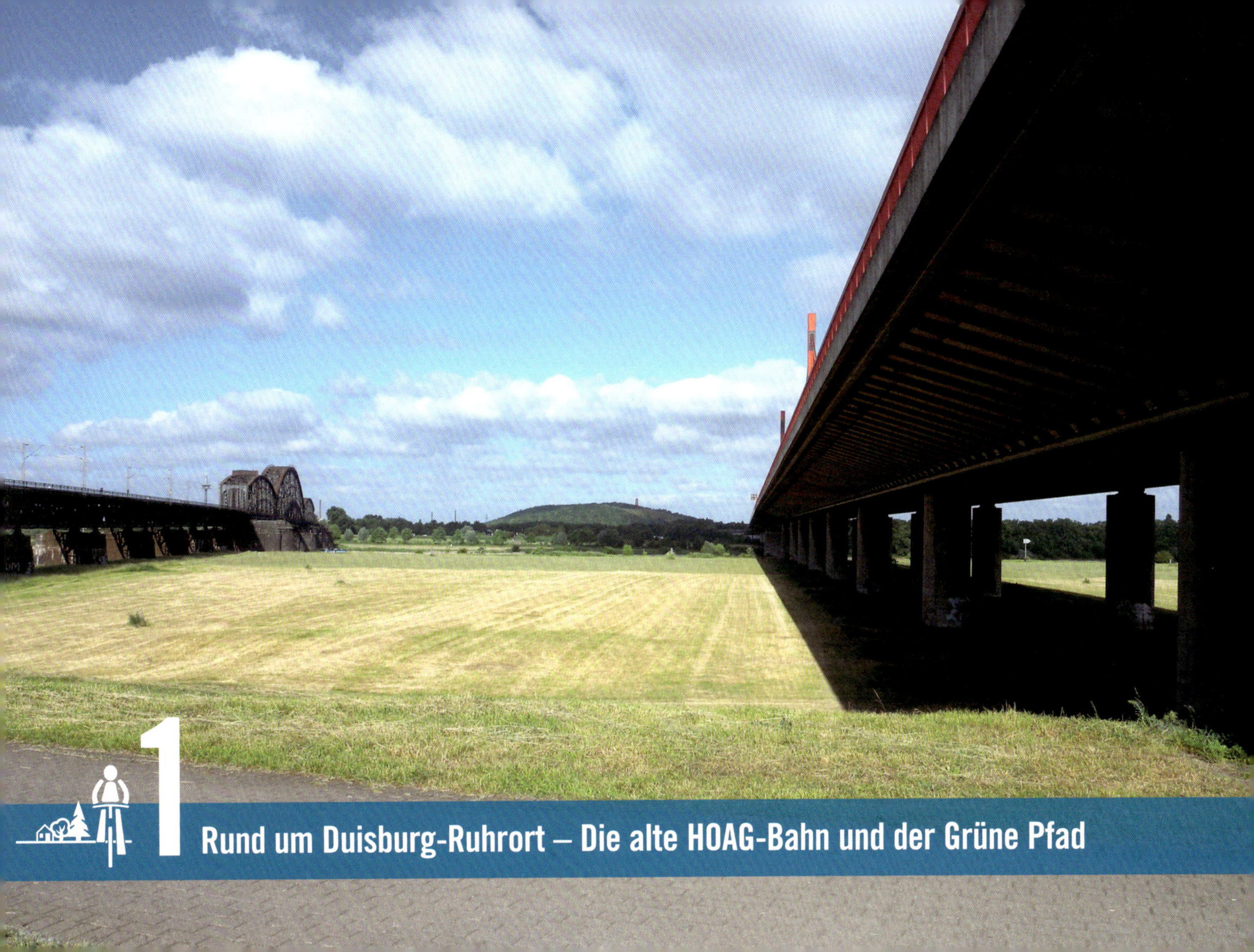

1 Rund um Duisburg-Ruhrort – Die alte HOAG-Bahn und der Grüne Pfad

1 Rund um Duisburg-Ruhrort

Die alte HOAG-Bahn und der Grüne Pfad

AUF EINEN BLICK

Start/Ziel: Bahnhof Duisburg-Ruhrort

Anfahrt: (Bahn) mit der Linie RB 36, (Pkw) A 40, Ausfahrt 11 oder A 42, Ausfahrt 5

Sehenswürdigkeiten: Museum der deutschen Binnenschifffahrt, Zeche Sterkrade, Landschaftspark Duisburg-Nord

Einkehrmöglichkeiten: Restaurant Hauptschalthaus in Duisburg

Länge der Strecke: 36 km

Schwierigkeitsgrad: leicht

Wegbeschaffenheit: gute, asphaltierte Wege, teils Schotterwege

Beschilderung: NRW-Radverkehrsnetz

GPS-Daten zur Tour 1 abrufbar unter www.bachem.de

Allerlei Attraktionen warten gleich zu Beginn dieser Rundtour auf uns. Zuerst ist es Vater Rhein, der uns sein Wasser zeigt, wenige Meter weiter dominiert das Element Feuer: Es qualmt, raucht und speit Funken. Flüssiger Stahl wird sichtbar, dann wieder ausgefallene Wohnsiedlungen. Bald kommen die ehemaligen Kohletrassen ins Spiel: alte Zechenanlagen und -siedlungen, dann wieder Felder und Wiesen. Zum Abschluss der Tour zeigt uns ein altes Hüttenwerk sein heutiges Ambiente. Die Strecke bietet eine abwechslungsreiche Kombination aus Natur und Industrie, die jeden Radler begeistert.

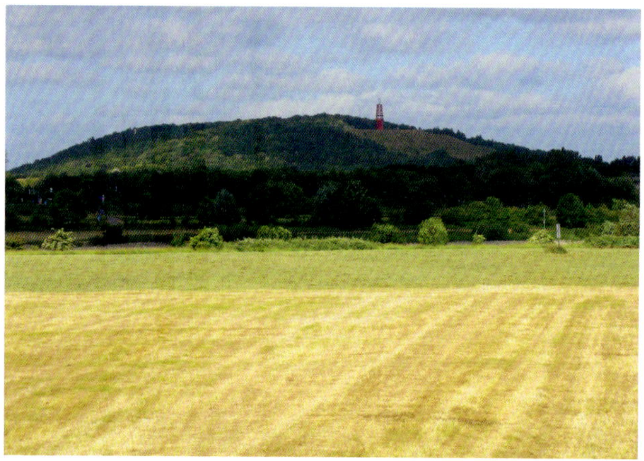

Vorherige Seite: Am Rhein zwischen Autobahn und Bahnstrecke

Das Geleucht auf der Halde Rheinpreußen

Wir starten am Bahnhof, halten uns rechts und radeln ein kleines Stück auf der Friedrich-Ebert Straße. Dann fahren wir leicht links versetzt in die Deichstraße hinein, an einem kleinen Kraftwerk vorbei und nach wenigen Tritten taucht die erste Attraktion gleich rechts auf: das **Binnenschifffahrtsmuseum**. Wir können uns überlegen, ob wir jetzt schon dem Museum einen Besuch abstatten oder das Vorhaben am Schluss der Tour anhängen möchten.

Das Museum ist in einem alten Jugendstilschwimmbad untergebracht und beleuchtet auf drei Etagen die Geschichte der Binnenschifffahrt von der Steinzeit bis in die heutige Zeit. In den Hallen des ehemaligen Schwimmbads, das noch strikt in Damen- und Herrenbecken unterteilt war, kann man heute historische wie auch neue Schiffe bestaunen. Multimedial aufbereitet, ist das Museum gleichsam für Jung und Alt interessant.

Wir lenken unsere Räder weiter auf der Deichstraße Richtung Rhein und folgen den roten Pfeilen beziehungsweise Richtungsschildern nach Duisburg-Walsum. Auf dem Deich radelnd sehen wir den starken Verkehr auf dem Fluss, liegt doch gleich hinter uns der größte Binnenhafen der Welt. Mit seinen 21 öffentlichen Hafenbecken und einer Gesamtfläche von zehn Quadratkilometern hat er eine fast nicht vorstellbare Größe. Wir lassen unsere Räder auf dem Deich rollen, bis wir nach Unterquerung der A 42 in **Bruckhausen**, einem Stadtteil von Duisburg, an den **Alsumer Berg** stoßen. Wir können hinauffahren und die Aussicht auf den Rhein und die Stahlhütte Thyssen-Krupp genießen. Die Auffahrt erfordert ein wenig Engagement. Nach wenigen Minuten ist man aber oben und kann, sofern das Blattwerk es zulässt, einen schönen Fernblick genießen. Die Weiterfahrt um den

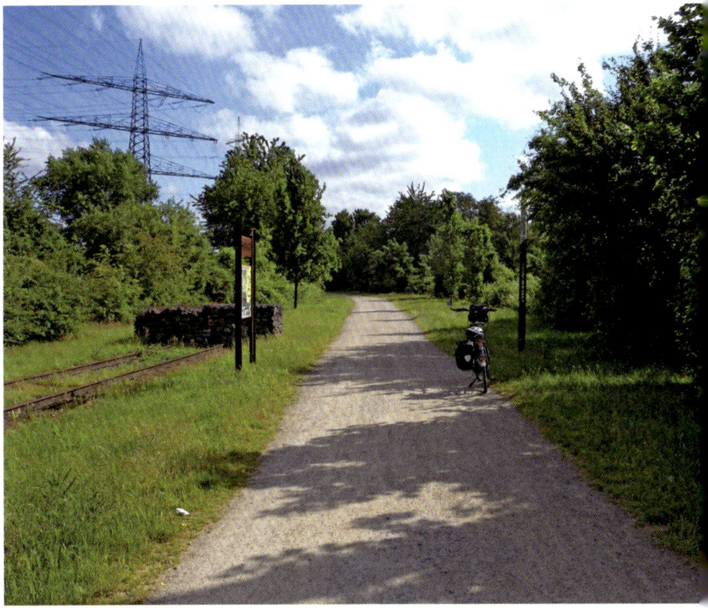

Auf der HOAG-Strecke bei Duisburg-Aldenrade

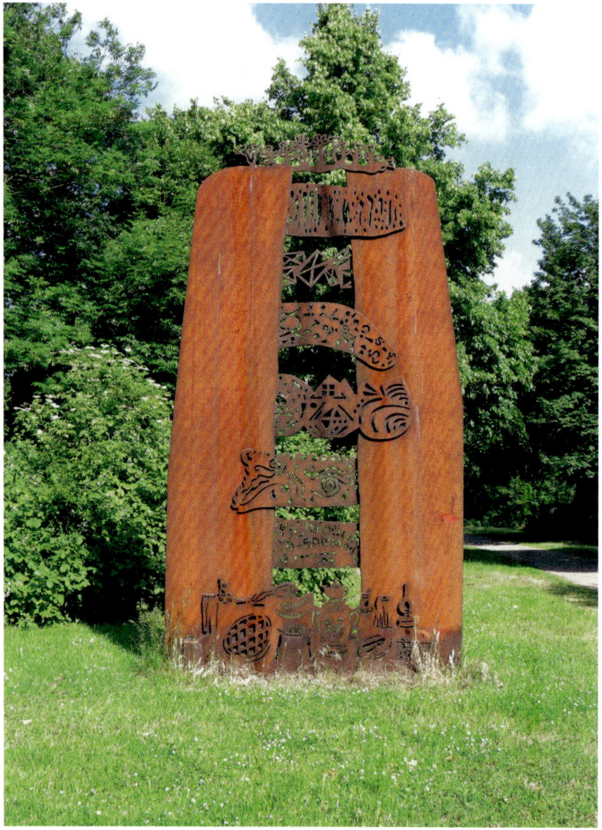

Kunst am Wegesrand

Alsumer Berg geht leicht und wir stehen bald auf der Brücke zwischen der **Kokerei Schwelgern** im Norden und dem weiterverarbeitenden **Stahlwerk Thyssen-Krupp** im Süden. Wir sehen hier eines der größten Stahlwerke Deutschlands. Mit seinen zwei großen Hochöfen produziert dieses Werk viele Millionen Tonnen Roheisen. Wer Glück hat und die Augen offenhält, erspäht einen der in regelmäßigen Abständen mit glühendem Stahl durchfahrenden Züge. Wir radeln nun wieder bergab, biegen an der Kreuzung rechts auf den Willy-Brandt-Ring ab und überqueren nach wenigen Metern die Straße. Dort stoßen wir auf die erste Trasse der Tour. Es ist eine schon in den 1970er-Jahren stillgelegte Kohlentrasse, die sich einige hundert Meter durch Marxloh schlängelt. Links und rechts neben dem Weg haben Künstler ihre Plastiken aufgestellt. Im leichten Bogen nach Norden abbiegend kommen wir an eine Zweigstelle mit einem alten Stellwerkhaus. Links taucht die **Ditib-Merkez-Moschee** auf, die im Jahr 2008 eröffnet wurde. Als Andenken an die Zeche Friedrich-Thyssen ist entlang des Wegs ein altes Stellwerk zu sehen. Diese Steinkohlezeche wurde schon 1976 geschlossen und heute erinnert nur noch sehr wenig an die Anlage. Wir unterqueren die A 59, fahren zunächst ein Stück parallel zu ihr, um sie bald darauf zu überqueren. Die roten Pfeile zeigen uns den Weg und wir radeln neben der **Kleinen Emscher** weiter. Es ist ein alter Mündungsarm der Emscher, der schon seit vielen Jahrzehnten abgeschnitten ist. Wir fahren bis zur Dittfeldstraße weiter und radeln durch eine Links-rechts-Kurve, um auf die Lehnackerstraße zu gelangen. Am Ende überqueren wir die Römerstraße und fahren auf der Kampstraße weiter. Bei der nächsten Möglichkeit biegen wir rechts auf die Blütenstraße ein und an deren Ende geht es rechts auf die Ackerstraße. Nach wenigen Metern beginnt die **HOAG-Trasse** unverkennbar auf der rechten Seite. Der Name HOAG stammt von der einstigen Hütte in Oberhausen: Hüttenwerke Oberhausen Aktien Gesellschaft. Die Bahnstrecke wurde schon 1891 eröffnet und nach etwas mehr als hundert Jahren 1994 stillgelegt. Der Radweg existiert seit 2004, die komplette Freigabe erfolgte 2007. Wir radeln los und kommen bald, von großen Spielfiguren bewacht, an die erste Brücke, über die wir hinwegfahren. Der Weg ist flach und schlängelt sich nun in östliche Richtung vom Duisburger Norden bis nach Oberhausen. Die Armada der riesigen Figuren, bekannt durch das Spiel „Mensch ärgere dich nicht“, wird uns noch eine Zeit lang begleiten. An jeder der folgenden Brücken erwarten sie uns. Eine nette Abwechslung! Wir überqueren die A 59 und folgen weiter der Trasse nach Osten. Wenige Meter hinter der Brücke sehen wir links, in nördlicher Richtung, das unter Denkmalschutz stehende Ensemble **Wehofen**, eine auf dem Reisbrett entstandene Siedlung der gleichnamigen Zeche.

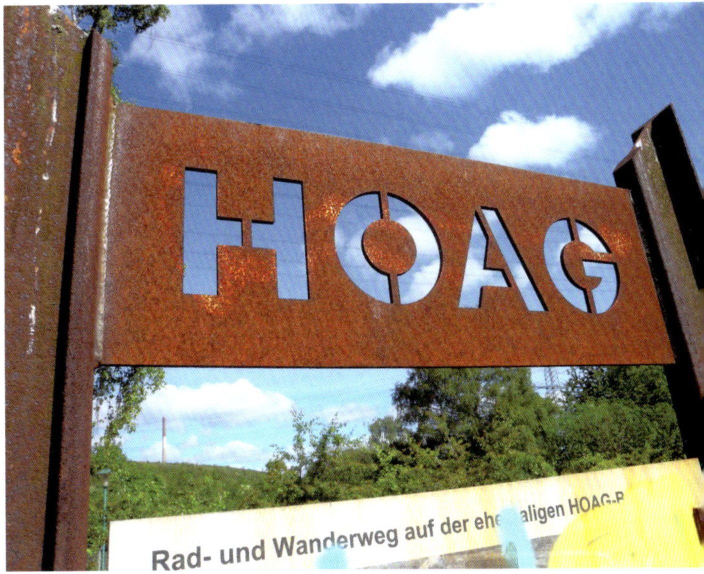

Schön gestaltete HOAG-Trasse

Die Zeche begann mit ihrer Förderung im Jahre 1913, überstand aber die Weltwirtschaftskrise in den 20er Jahren nicht und „machte dicht“. Wer möchte, kann hinter der Brücke über die Hans-Böckler-Straße rechts hinunter zur Siedlung fahren und sie besichtigen.

Es folgen rechts Felder und links die große Kläranlage der Emscher. Wir überqueren den Fluss und kreuzen dabei den

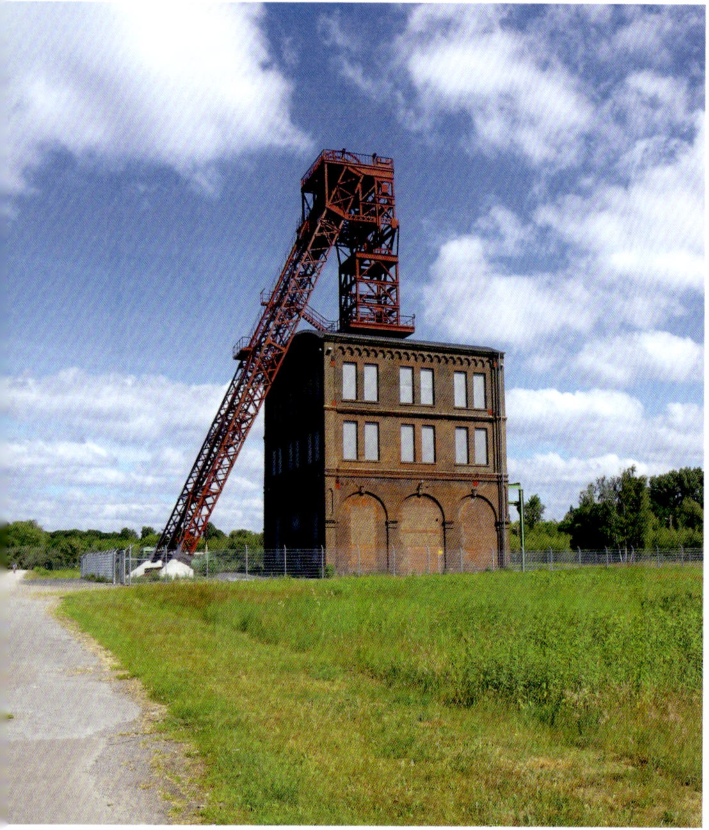

Zeche Sterkrade

gleichnamigen Radweg. Nun bleiben wir auf dem Weg, der uns weiter geradeaus führt. Es folgt ein schön hergerichteter Rastplatz am Wegesrand, der uns zur Pause einlädt. Wir fahren nun nicht mehr in östliche, sondern in leicht südliche Richtung nach Oberhausen. Nachdem wir die A 3 unterquert haben radeln wir auf die **Zeche Sterkrade** zu. Das gesamte Anwesen rechts vor und nach der Autobahn gehörte zu der großen Zechenanlage. Heute ist nur ein winziger Teil übriggeblieben, der Rest wurde dem Erdboden gleich gemacht. Das alte Trafohaus und das Fördergerüst sind als Denkmal erhalten geblieben. Im Jahr 2013 erhielt das Strebengerüst einen neuen Anstrich und erstrahlt heute im roten Glanz.
Wir weichen für wenige Meter auf die Straße aus, biegen am Ende des Trassenweges links auf die Von-Trotha-Straße und nach wenigen Metern rechts auf den wieder beginnenden Trassenweg ein. Oberhalb des dicht besiedelten Stadtteils von Oberhausen-Sterkrade radeln wir, bis wir in westliche Richtung abbiegen und nach der erneuten Emscherüberquerung auf den **Grünen Pfad** stoßen. Wir verlassen somit die HOAG-Trasse und fahren wieder in Richtung Duisburg. Es folgen zwei Brücken und die uns schon bekannte Kleine Emscher. Nach der Überquerung verlassen wir Oberhausen und radeln auf Duisburger Gebiet weiter. Wir müssen einige Straßen überqueren und folgen weiter den roten Schildern beziehungsweise Pfeilen. Der Name des Wegs macht ihm

alle Ehre, denn es ist wirklich recht grün hier. Zwischen Gewerbegebieten radeln wir nun auf **Neumühl** zu. Geräumig ist der Platz links und rechts neben uns. Großzügig lagen hier Gleisanlagen für die Güterzüge, die hier abgestellt wurden. Der alte Bahnhof des Stadtteils steht noch an Ort und Stelle auf der linken Seite. Wir unterqueren die B 8 und die A 42 und steuern jetzt auf das große Highlight der Tour zu: Der **Landschaftspark Duisburg-Nord** liegt vor uns.

Aus dem ehemaligen „Rheinischen Stahlwerk zu Meiderich bei Ruhrort" entstand im Laufe der 1990er-Jahre der jetzige Landschaftspark mit seinen zahlreichen Attraktionen. Neben Spiel- und Abenteuerplätzen für Kinder, Kletterwänden und Tauchstation für die Großen, gibt es kulturelle Angebote aller Art. Konzerte, Kino und Kunstaustellungen locken Besucher aus der ganzen Welt in den Park. Wenn die Sonne in Duisburg den Horizont küsst, taucht die Industrie in ein schönes Licht ein und inspiriert auf ganz besondere Art. Es ist für jeden etwas dabei, versprochen!

Nun sind es noch etwa drei Kilometer bis zum Trassenende und wir müssen auf den öffentlichen Straßen weiterfahren. An der Straße Am Nordhafen biegen wir rechts ab und folgen der Straße bis zum Kreisverkehr. Dort lenken wir an der ersten Ausfahrt auf die Eisenbahnstraße, halten uns an der nächsten Ampelkreuzung nochmals rechts und stehen nach wenigen Metern am Ausgangspunkt der Tour.

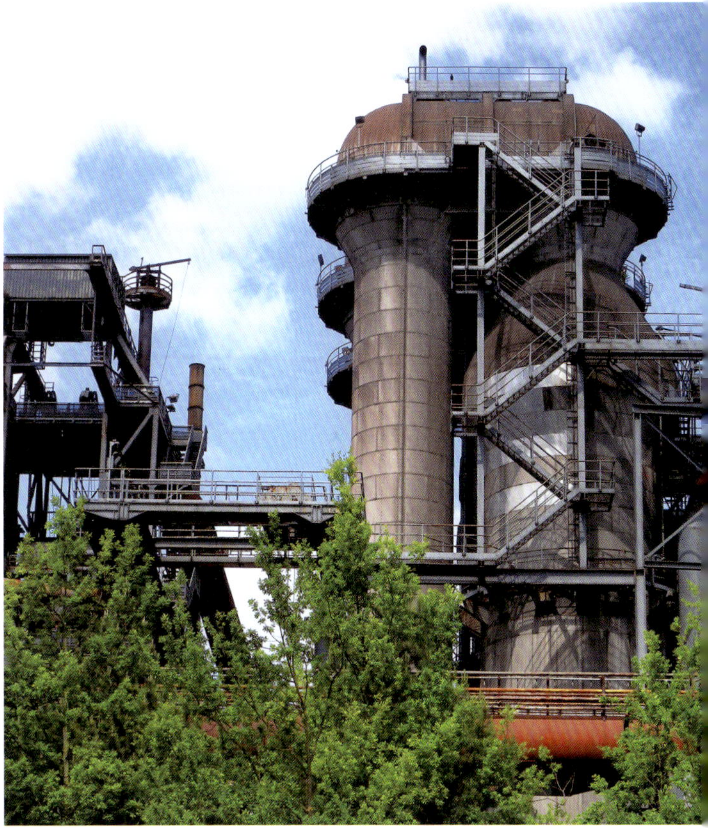

Im Landschaftspark Duisburg-Nord

Rechts→ auf die Friedrich-Ebert-Straße einbiegen; leicht **links↖ versetzt** auf die Deichstraße; am Ende der Deichstraße **links←** auf den Radweg am Rhein und **rechts→** weiter; **geradeaus↑** bis **Alsumer Berg**.

Abstecher zum Alsumer Berg: **rechts→** und hinauffahren beziehungsweise schieben.

Rechts→ auf Alsumer Steig; **links←** auf Alsumer Straße; **rechts→** Willy-Brandt-Ring (Radweg linke Seite); bald **links←** in die Wiesenstraße einbiegen und sofort **rechts→** in die Entenstraße lenken; **rechts→** auf den Spielplatz fahren und **links←** weiter; links halten und auf der Trasse weiter; **geradeaus↑** bis Wilfriedstraße; **geradeaus↑** bis Dahlstraße; **geradeaus↑** bis Weseler Straße; **geradeaus↑** bis Sandstraße; **geradeaus↑** bis Warbruckstraße; **geradeaus↑** bis Feldstraße; diese überqueren und unter **A 59** hindurch; **geradeaus↑** bis Frundsbergstraße; **links←** über Autobahnbrücke; **geradeaus↑** auf Prinz-Eugen-Straße; **rechts→** zur **Kleinen Emscher**; am Ende **links←** auf Dittfeldstraße; **rechts→** in Lehnackerstraße einbiegen; **geradeaus↑** auf Kampstraße fahren; nächste Straße **rechts→** in Blütenstraße; **rechts→** auf Ackerstraße fahren; bald **rechts→** auf den Beginn der **HOAG-Trasse** einbiegen; **geradeaus↑** bis **Oberhausen-Sterkrade**; **rechts→** über die Schienen und **links←** weiter; **geradeaus↑** bis Von-Trotha-Straße fahren; **links←** auf die Von-Trotha-Straße und bald **rechts→** wieder auf die Trasse lenken; **geradeaus↑** bis zur **Emscher**; weiter **geradeaus↑** auf **Grüner Pfad**; **geradeaus↑** bis Skagerragstraße; vorsichtig überqueren; **geradeaus↑** bis Haldenstraße; vorsichtig überqueren und **geradeaus↑** bis Boschstraße; vorsichtig überqueren und **geradeaus↑** bis Duisburger Straße; vorsichtig überqueren und **geradeaus↑** bis Emscherstraße.

Abstecher **rechts→** zum **Landschaftspark Duisburg-Nord**.

Geradeaus↑ bis Gartsträucher Straße: vorsichtig überqueren und **geradeaus↑** weiter auf Vohwinkelstraße; bald **links←** unter Unterführung hindurch zur Unterführungsstraße; **rechts→** auf dem Radweg weiter (rotes Schild); **geradeaus↑** bis zum Ende Grüner Pfad; **rechts→** auf Am Nordhafen; geradeaus bis Kreisverkehr; 1. Ausfahrt auf Eisenbahnstraße fahren; **rechts→** auf Friedrich-Ebert-Straße; **rechts→** zum Bahnhof Duisburg-Ruhrort.

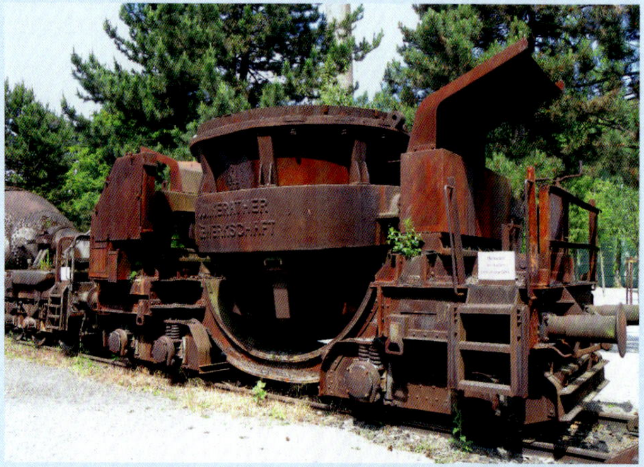

Roheisenwagen vor dem Landschaftspark

1

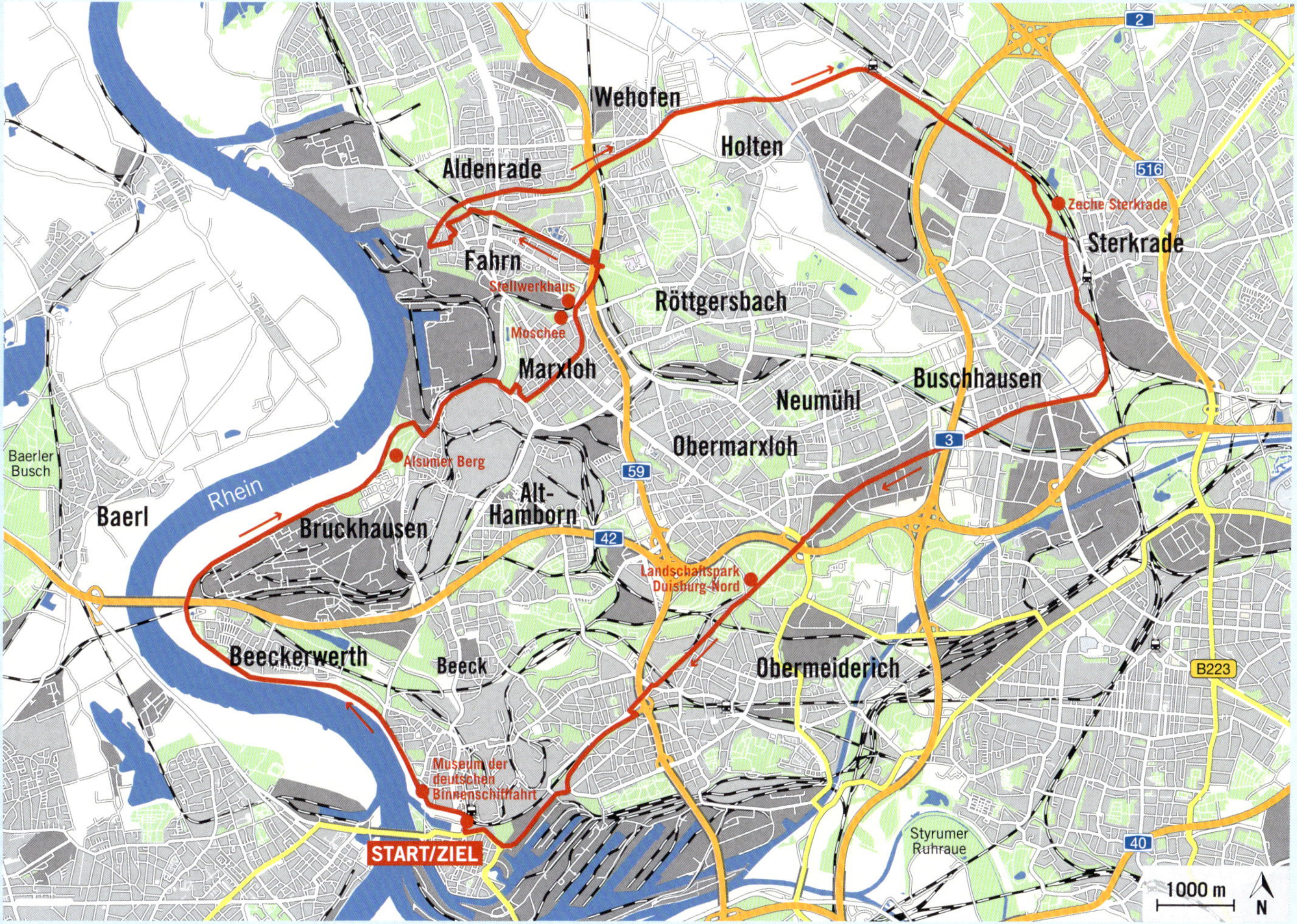

GPS-Daten zur Tour 1 abrufbar unter www.bachem.de

Tourismus-Informationen

Tourist-Information Duisburg
Königstraße 36
47051 Duisburg
Tel. 0203/28 54 40
www.duisburg.de

Museen und Sehenswürdigkeiten

Museum der deutschen Binnenschifffahrt
Apostelstraße 84
47119 Duisburg
Tel. 0203/28 39 41 40
www.binnenschifffahrtsmuseum.de

Zeche Sterkrade
Von-Trotha-Straße 53
46149 Oberhausen-Sterkrade
Tel. 0231/93 11 22 33
www.industriedenkmal-stiftung.de
Besichtigung von außen oder auf Anfrage unter info@industriedenkmal-stiftung.de möglich

Landschaftspark Duisburg-Nord
Emscherstraße 71
47137 Duisburg
Tel. 0203/4 29 19 19
www.landschaftspark.de

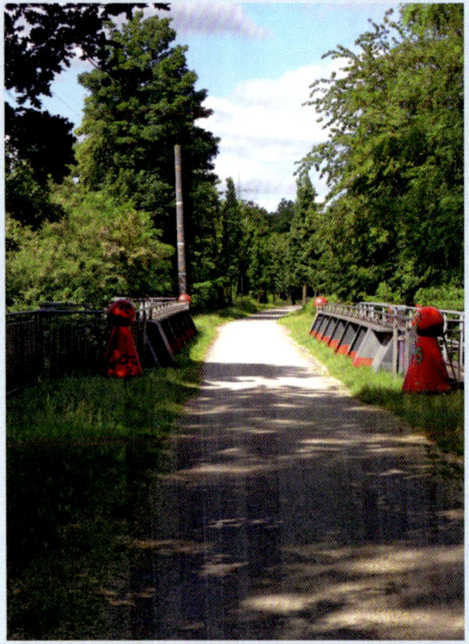

„Mensch ärgere Dich nicht" am Radweg

Einkehrmöglichkeiten

Restaurant Hauptschalthaus
im Landschaftspark Nord
Emscherstraße 71
47137 Duisburg
Tel. 0203/41 79 91 80
www.hauptschalthaus.com

Fahrradservice

2Rad und mehr
Bahnstraße 244
46147 Oberhausen
Tel. 0208/4 67 33 09
www.2radundmehr.de

ebike Oberhausen
Steinbrinckstraße 205
46149 Oberhausen
Tel. 0208/30 76 32 83
www.ebike-oberhausen.de

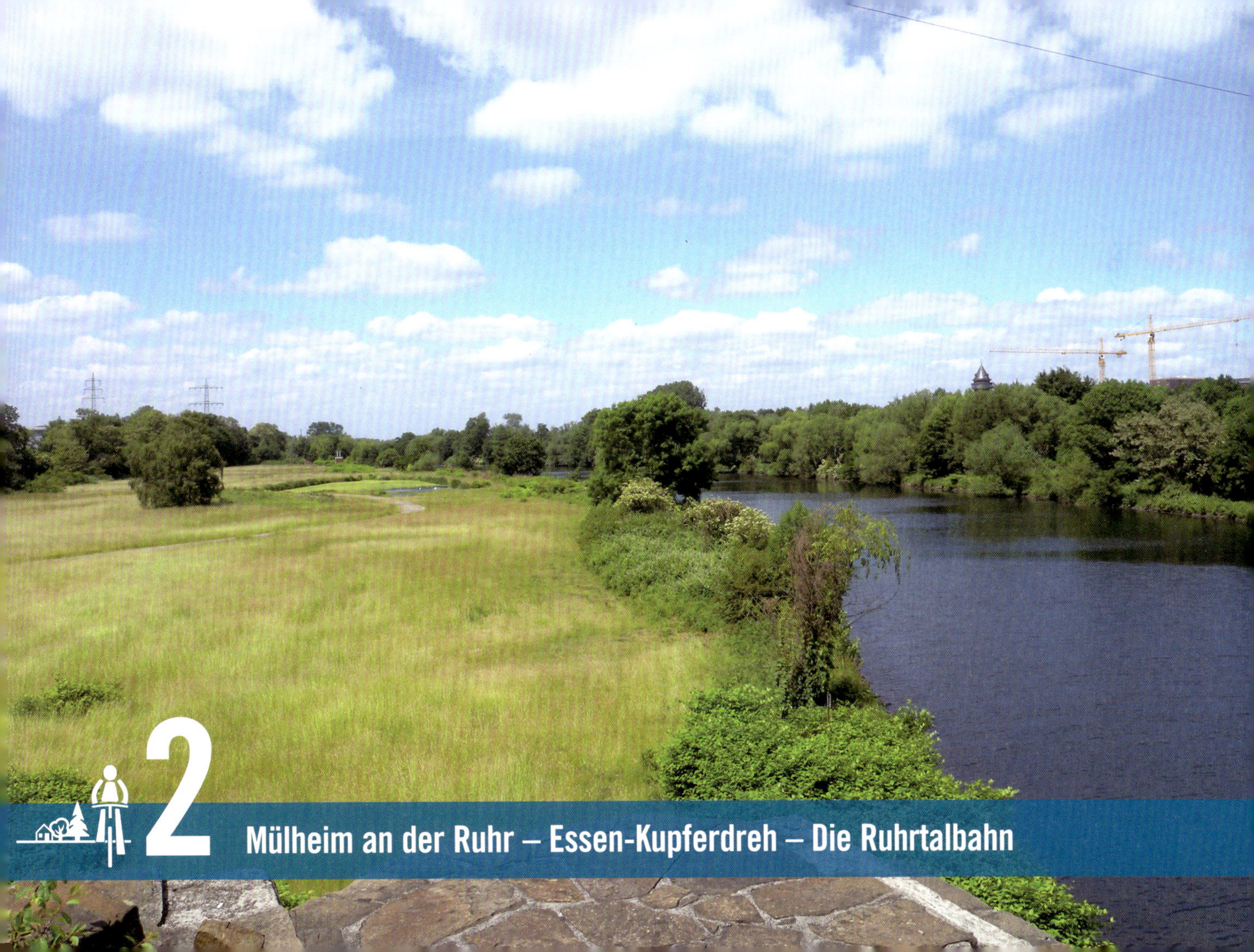

2 Mülheim an der Ruhr – Essen-Kupferdreh – Die Ruhrtalbahn

2

Mülheim an der Ruhr – Essen-Kupferdreh

Die Ruhrtalbahn

AUF EINEN BLICK

Start: Bahnhof Mülheim/Ruhr-Styrum

Anfahrt: (Bahn) mit der Linie S 3, (Pkw) A 40, Ausfahrt 15

Ziel: Bahnhof Essen-Kupferdreh

Sehenswürdigkeiten: Aquarius Wassermuseum, Schloss Styrum, MÜGA-Park, Schloss Broich, Ringlokschuppen, Camera Obscura, Wasserbahnhof, Villa Hügel, Zeche Carl Funke, Hespertalbahn

Einkehrmöglichkeiten: Ringlokschuppen in Mülheim, Lukas in Essen

Länge der Strecke: 30 km

Schwierigkeitsgrad: leicht

Wegbeschaffenheit: gute, asphaltierte Wege, teils Schotterwege

Beschilderung: NRW Radverkehrsnetz

GPS-Daten zur Tour 2 abrufbar unter www.bachem.de

Aus dem Ruhrgebiet wie es jeder kennt, in das Ruhrgebiet wie es nicht jeder kennt, so lautet heute die Devise. Vom Industriestandort radeln wir an den Fluss, der der ganzen Region den Namen verlieh. Der Erholungsfaktor ist in der Skala ganz oben anzusiedeln, denn die Tour zeigt sich von ihrer grünen Seite. Auf den Sattel und hinein ins Grüne!

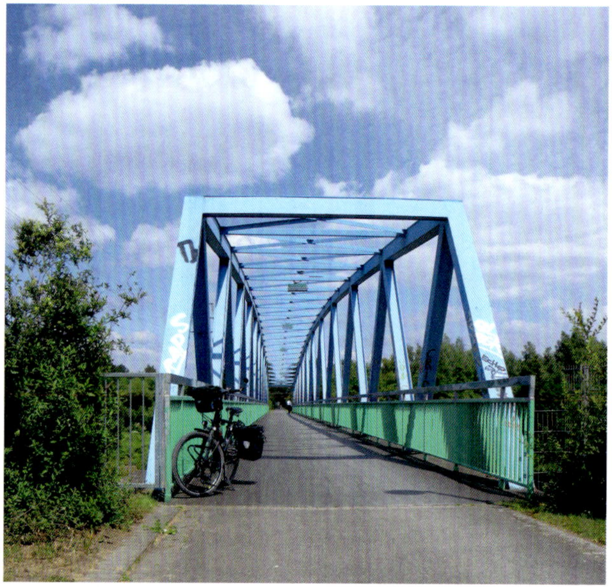

Vorherige Seite: Die Ruhr bei Mülheim an der Ruhr

Alte Eisenbahnbrücke über die Ruhr

Den Bahnhofausgang Nord im Rücken wenden wir uns nach rechts und fahren auf der Post- und Albertstraße bis zur Siegfriedstraße. Wir halten uns gemäß der Beschilderung des NRW-Radverkehrsnetzes rechts und benutzen bald die rechts auftauchende Rad- und Fußgängerbrücke über die Schienen auf die Südseite der Gleise. Kurz vor der Hauskampstraße nehmen wir den Radweg, der links abzweigt und radeln auf dem Styrumer Damm unter einer Brücke hindurch. Hier lag einst der Schienenstrang der Unteren Ruhrtalbahn. Wir halten uns links und fahren gemütlich aus dem Stadtverkehr hinaus ins Grüne.

Vor der Brücke über die Ruhr fahren wir scharf rechts und gelangen so zu den ersten Attraktionen des heutigen Tages: Der alte Wasserturm, heute **Aquarius** genannt, ist in den 1890er Jahren von August Thyssen zur Versorgung seiner in der Nähe gelegenen Walz- und Röhrenwerke erbaut worden. Etwa 1982 wurde der Turm stillgelegt, alsbald restauriert und seitdem als Museum genutzt. Der Aufstieg ist faszinierend, die Ausstellung zum Thema Wasser ist mit zahlreichen medialen Effekten ausgestattet und nicht nur für Kinder interessant. Das nahe gelegene **Schloss Styrum** ist leider nur von außen zu besichtigen, die Parkanlagen sind teils öffentlich. Schon im Jahre 1067 in Urkunden erwähnt, gehörte es lange Zeit dem Grafengeschlecht von Limburg-Styrum und wurde um 1890 von August Thyssen erworben.

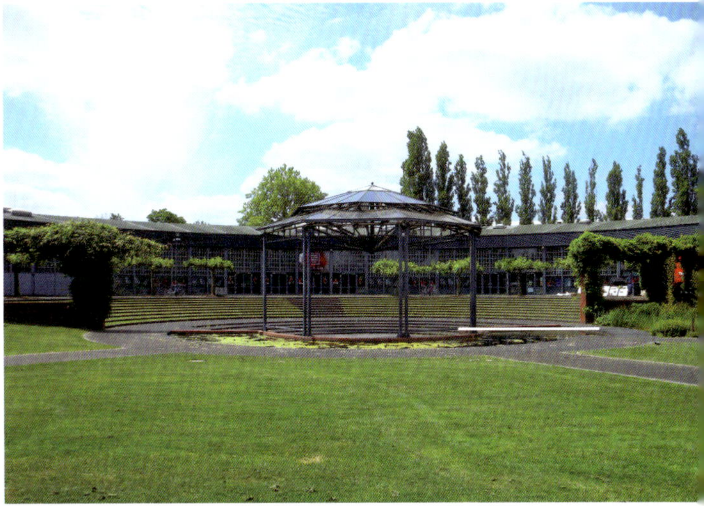

Heute gehört es der Stadt Mülheim. Wir radeln bis zur Abzweigung zurück und dann über die Ruhr auf der elegant erneuerten Brücke. Wir genießen noch ein wenig die Aussicht über die Ruhr und fahren auf dem ehemaligen Bahndamm nach Mülheim. Nach einigen hundert Metern leiten uns rote Schilder links hinab. Wir radeln den Kreisel hinunter, folgen weiter den Schildern und kommen zum **MÜGA-Park**. Auf dem Gelände der Mülheimer Gartenausstellung von 1992 dient heute der Park als Freizeit- und

Ringlokschuppen im Darlington Park

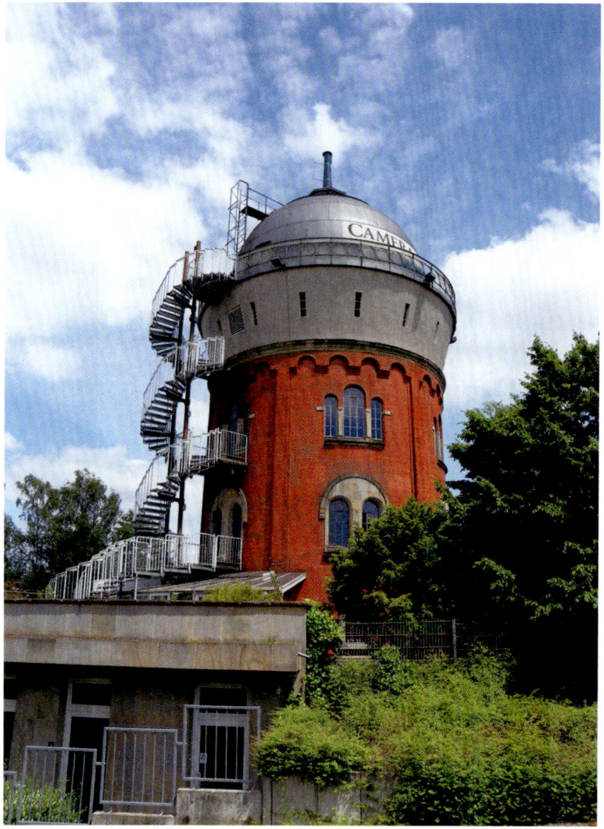

Camera Obscura im ehemaligen Wasserturm

Grünanlage. Besonders schön sind die zahlreichen Wasserspiele im Garten: ein Reiz für Jung und Alt. Wir durchfahren die Parkanlagen und kommen über eine Rad- und Fußgängerbrücke zum Darlington Park rund um das **Schloss Broich**. Bereits im 9. Jahrhundert an dieser Stelle entstanden, aber erst im 11. Jahrhundert urkundlich erwähnt, erfreut es sich heute zahlreicher Besucher. Das Schloss befindet sich im städtischen Besitz und wird vor allem für Empfänge und Trauungen und im Obergeschoss als kleines historisches Museum genutzt. Im Burginnenhof findet jährlich das große Rock und Folk-Festival „Castle Rock“ statt, das zahlreiche Besucher anlockt. Etwas nördlich des Schlosses steht der ehemalige **Ringlokschuppen**. Im Jahre 1900 erbaut, beherbergte der Schuppen zahlreiche Dampflokomotiven. Er war bis zum Zweiten Weltkrieg in Betrieb, bis er bei Bombenangriffen zerstört wurde. Danach diente er nicht mehr als Unterstand für Lokomotiven und wurde erst mit der Gartenausstellung 1992 umfangreich restauriert. Hier finden heute zahlreiche Kulturveranstaltungen statt. Gleich hinter dem Ringlokschuppen versteckt sich der dazugehörige Wasserturm, denn die Dampflokomotiven mussten mit Wasser betankt werden. Heute ist im Wasserturm das Museum für Filmgeschichte **Camera Obscura** untergebracht.

Wir begeben uns nun zwischen Schloss Broich und Europacafé und folgen den roten Schildern Richtung Saarn. Über die Brücke geht es am Spielplatz vorbei auf die ehemalige Bahntrasse. Nach einigen hundert Metern müssen wir die Trasse verlassen, halten uns links (rote Markierung) und gelangen so hinab an die Ruhr. Wer die Strecke bis Kettwig mit dem Schiff (Weiße Flotte) überbrücken möchte, biegt an den Hinweisschildern links zum Wasserbahnhof ab. Per Rad führt der Weg weiter geradeaus in Richtung Saarn. Wir treffen auf die Kahlenbergstraße und fahren diese ein Stück hinauf. Scharf rechts um die Ecke biegen wir auf die Straße Am alten Bahnhof ab und radeln zurück auf die Trasse, die rechts weiterführt. Nun fahren wir geradeaus bis zur Landsberger Straße weiter. Am Ende der Trasse wechseln wir links auf die Mintarder Straße und lenken bald rechts in den Weg, der auch als Ruhrradweg beschildert ist. Wir radeln über die Felder, an einem Hof vorbei und unter der mächtigen Ruhrtalbrücke hindurch. Wir erreichen **Mintard**, einen kleinen Ort, der zu Mülheim an der Ruhr gehört. Schnell haben wir die kleine Ortschaft durchfahren und radeln weiter den roten Schildern beziehungsweise Pfeilen nach. Wir kommen nach **Kettwig vor der Brücke** und die roten Pfeile weisen uns nach rechts. So durchfahren wir den Ort und kommen an die Ringstraße. Wir folgen dieser nach links und überqueren die Brücke über die Ruhr. Gleich rechts biegen wir in den Promenadenweg ein und fahren dort geradeaus weiter. Hier wird die Ruhr aufgestaut und der dadurch entstandene See ist der **Kettwiger See**. Wir radeln gemütlich am Ufer entlang und genießen den kühlen Fahrtwind. Den roten Pfeilen folgen wir, bis wir in **Essen-Werden** an der Brücke über die Ruhr stehen. Nun geht es geradeaus auf die Bredeneyer Straße (rote Wegweiser nach Essen-Kupferdreh) und fahren auf dem Radweg weiter. Am kommenden Schilderwald radeln wir rechts zur Schleuse und folgen den Pfeilen. Oben an der Landstraße angekommen geht es auf die alte Bahn-

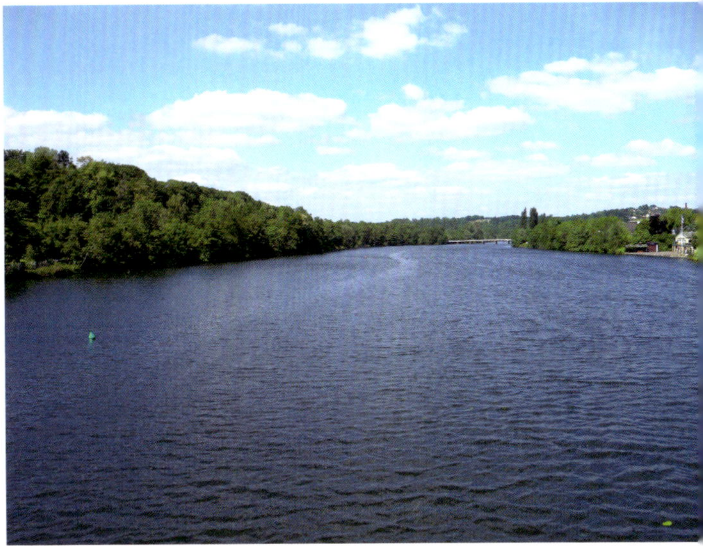

Kettwiger See

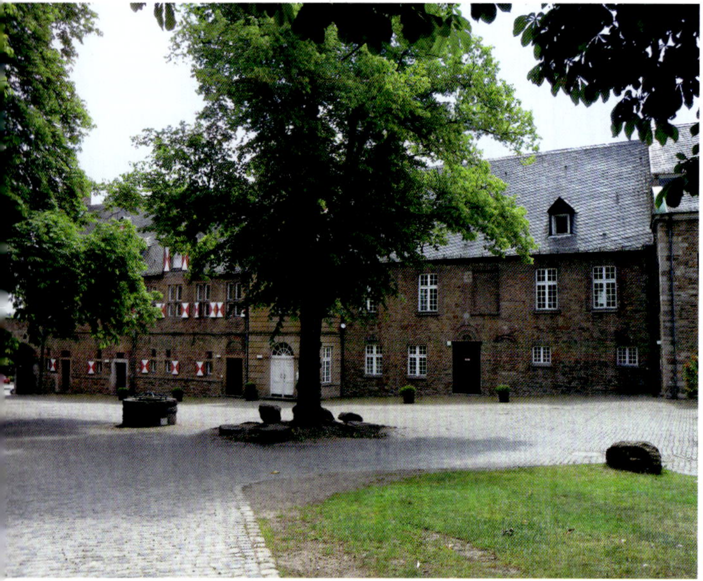

Schloss Broich in Mülheim an der Ruhr

trasse der Ruhrtalbahn, die in Werden begann und bis nach Kupferdreh führte. Diese Strecke wurde im Jahre 1872 eröffnet und bis 1965 genutzt. Keine hundert Jahre hatte sie Bestand und wurde schon in den 1970er-Jahren teilweise zum Radweg ausgebaut. Nach und nach entstand dann dieser Radweg. Ein kleines rotes Schild zeigt uns den Abzweig zur **Villa Hügel**. Wer möchte, kann dort hinauffahren und sich den in den Jahren 1870 bis 1873 errichteten imposanten Wohnsitz der Familie Krupp ansehen. Dort können Sie sich auch im „Kleinen Haus" die „Historische Ausstellung Krupp" ansehen, die über die Geschichte der Familie und die Firma Krupp berichtet. Rechts neben uns weitet sich die Ruhr zum **Baldeneysee**, einem sehr beliebten Ausflugsziel, das am Wochenende für ein Weiterkommen per Rad ein wenig Geduld erfordert. Ein paar hundert Meter weiter auf der Trasse steigen wir nochmals kurz in die Bremsen. Eine Infotafel am linken Wegesrand verdeutlicht die Geschichte der **Zeche Carl Funke**. Etwas im Wald gelegen erkennt man noch das Fördergerüst und wenig dahinter, nicht direkt sichtbar, das Maschinenhaus. Weiter auf unserer Strecke sind leicht links oben die Werkshäuser der Kumpel am typischen Baustil zu erkennen. Wir radeln auf der Straße Lanfermannfähre, die alte Trasse befindet sich im Dickicht links neben uns. Am Ende der Straße fahren wir wieder auf die Trasse zurück und geradeaus weiter. Die Strecke wendet sich gen Nordosten und wir überqueren die mächtige Ruhrbrücke nach **Kupferdreh** hinüber. Direkt nach der Brücke bog die einstige Strecke in die heute noch bestehende Ruhrstrecke ein. Es gibt den alten und den neuen Bahnhof im Ort. Wir biegen scharf rechts ab, um das Bahnmuseum **Hespertalbahn** herum, und halten Ausschau nach den roten Pfeilen, die uns den Weg zum neuen Bahnhof zeigen.

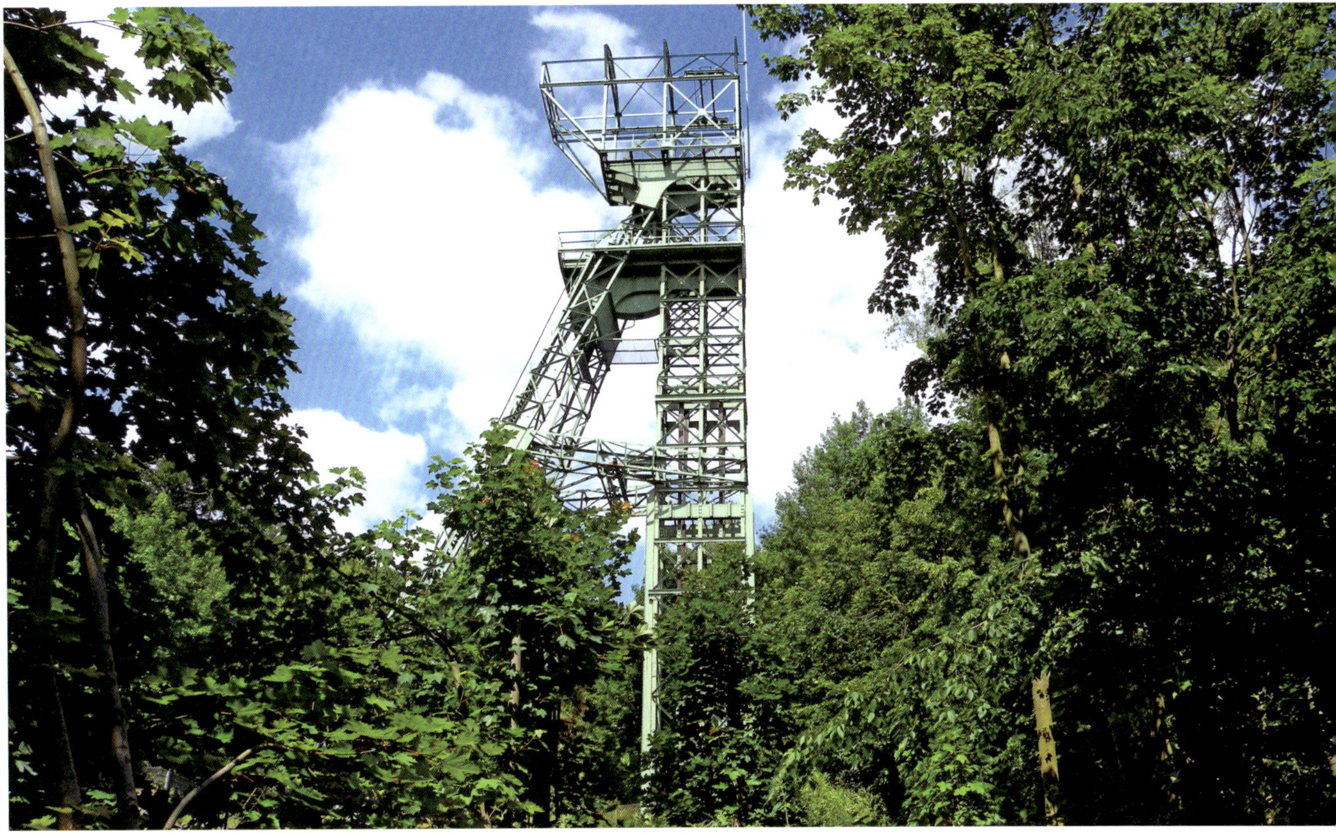

Zeche Carl Funke in Essen-Heisingen

Den Bahnhof auf der Nordseite verlassen und **rechts→** auf die Poststraße biegen; bald **rechts→** auf den Weg lenken und bis zum Ende fahren; weiter auf der Siegfriedstraße und **rechts→** die Brücke über die Gleise nehmen; vor der kommenden Hauskampstraße **links←** dem Weg bergab folgen; **geradeaus↑** und **halb links←** halten; an der Holzbrücke geht es **rechts→** zum **Wasserturm Aquarius**; über die **Ruhrbrücke** und **geradeaus↑** bis zum Abzweig (roter Pfeil links); bergab rollen und durch den **MÜGA-Park** fahren; den roten Pfeilen folgen; die **Kfar-Saba-Brücke** überqueren und in den **Darlington Park** fahren; am **Schloss Broich** vorbei und bald **links←** über die Brücke am Vorsterweg fahren; auf der Trasse weiter bis uns die roten Pfeile **links←** hinunter leiten; dem Saarner Auenweg folgen bis zur Mintarder Straße; diese überqueren und die Kahlenbergstraße entlangfahren; scharf **rechts→** auf die Straße Am alten Bahnhof lenken und **geradeaus↑** auf dem Weg weiterfahren; **rechts→** über die Brücke auf der Trasse weiter; **geradeaus↑** bis zur Landbergerstraße fahren; **links←** auf Mintarder Straße abbiegen; bald **rechts→** in den markierten Weg (roter Pfeil) einbiegen; **geradeaus↑** bis zum Ende dem Weg folgen, dann zweimal eine Rechts-links-Kurve fahren; am Waldrand weiter bis nach **Mintard**; dort der Mintarder Dorfstraße folgen bis zum Abzweig in die Felder; **geradeaus↑** bis Ortsanfang **Kettwig**; **rechts→** auf die Landsberger Straße lenken und nächste **links←** in die Arndtstraße fahren; bei der nächsten Möglichkeit **links←** in die Volckmarstraße lenken und an der Ampel **links←** auf die Ringstraße wechseln; die Ruhr überqueren und bald **rechts→** in den Promenadenweg fahren; **geradeaus↑** bis **Essen-Werden** und am Ende der Straße **links←** auf die Straße Schleuse lenken; einen kleinen Links-Rechts-Schlenker fahren, **rechts→** auf die Straße Im Löwental radeln und bis zur Ampel **geradeaus↑**; die Ruhrtalstraße überqueren und **links←** auf dem Radweg weiter; hier an der großen Kreuzung **geradeaus↑** die Ampeln überqueren und auf der Bredeneyer Straße weiter; bald **rechts→** um den Golfplatz herum und den roten Schildern nach **Kupferdreh** folgen; auf die Bahntrasse lenken und immer **geradeaus↑** (rote Pfeile) bis zur alten **Eisenbahnbrücke** über die Ruhr in Kupferdreh radeln; am **Bahnmuseum Hespertalbahn** **rechts→** um den Lokschuppen herum und den roten Pfeilen zum Bahnhof folgen.

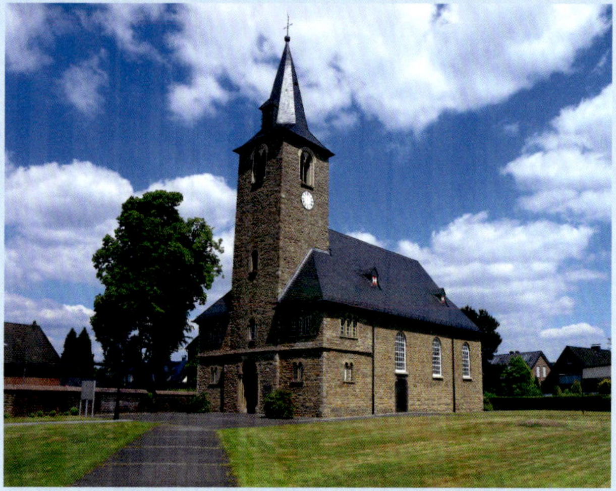

St. Laurentius in Mintard

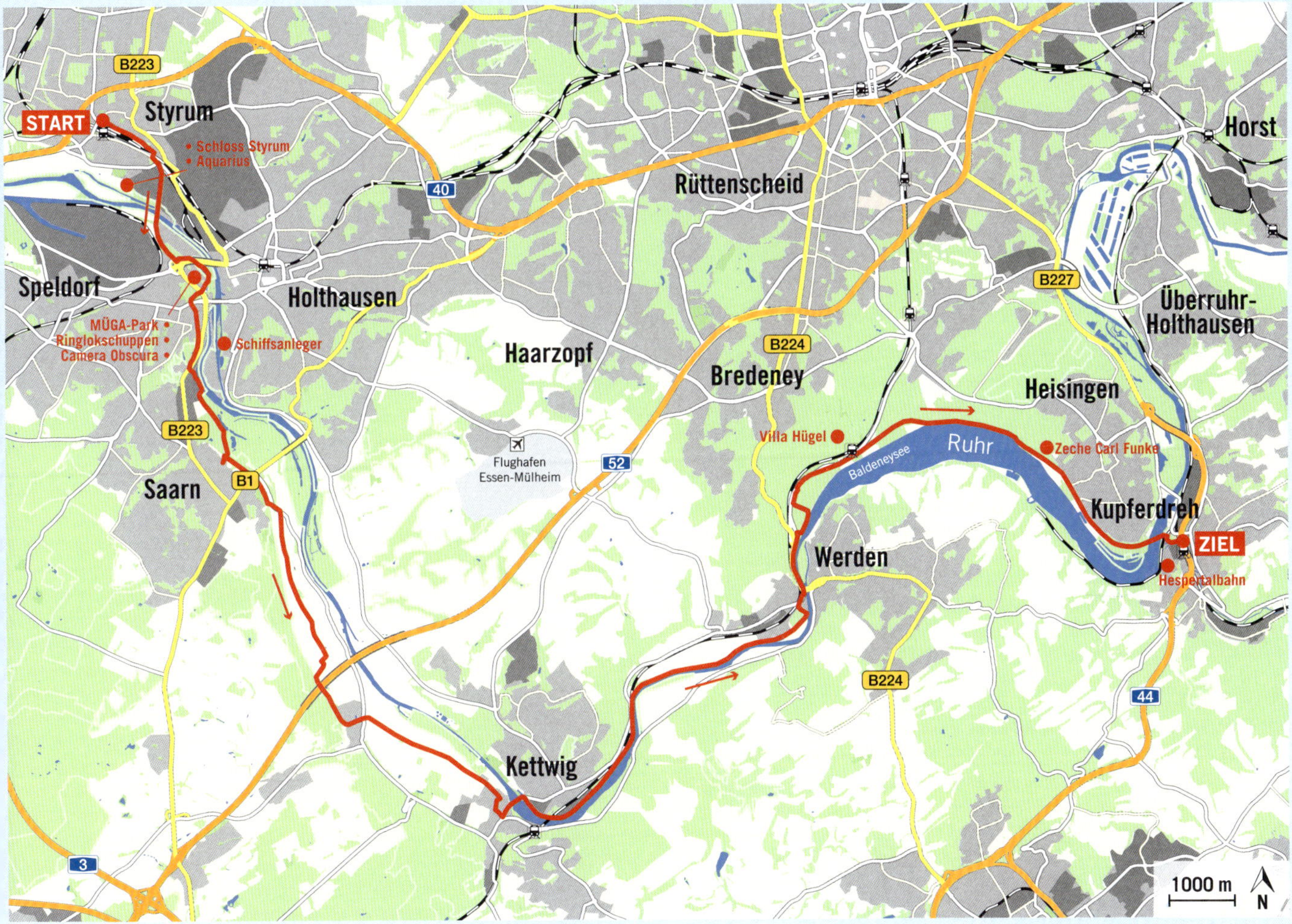

GPS-Daten zur Tour 2 abrufbar unter www.bachem.de

Tourismus-Informationen

Touristinfo Mülheim an der Ruhr
Schollenstraße 1
45468 Mülheim an der Ruhr
Tel. 0208/96 09 60
www.muelheim-tourismus.de

Museen und Sehenswürdigkeiten

Aquarius Wassermuseum
Burgstraße 70, 45476 Mülheim an der Ruhr
Tel. 0208/4 43 33 90
www.aquarius-wassermuseum.de

Schloss Broich
Am Schloss Broich 28, 45479 Mülheim an der Ruhr
Tel. 0208/9 60 96 16
www.schloss-broich-muelheim.de

Camera Obscura
Am Schloss Broich 42
45479 Mülheim an der Ruhr
Tel. 0208/3 02 26 05
www.camera-obscura-muelheim.de

Villa Hügel
Hügel 1, 45133 Essen
Tel. 0201/61 62 90
www.villahuegel.de

Hespertalbahn
45242 Essen
Tel. 0201/80 09 13 30
www.hespertalbahn.de

Einkehrmöglichkeiten

Ringlokschuppen
Am Schloss Broich 38
45479 Mülheim an der Ruhr
Tel. 0208/99 31 60
www.ringlokschuppen.de

Lukas
Kulinarischer Bahnhof
Prinz-Friedrich-Platz 1
45257 Essen
Tel. 0201/84 83 53
www.lukas-essen.de

Freizeiteinrichtungen

Weiße Flotte
Wasserbahnhof Mülheim an der Ruhr
Infos zum Linienfahrplan
Tel. 0208/4 55 81 31
www.muelheim-tourismus.de

Fahrradservice

Radsport Pütz
Düsseldorfer Straße 66
45481 Mülheim an der Ruhr
Tel. 0208/48 18 29
www.puetz-ebikes.de

Two Wheels
Brückstraße 2
45239 Essen
Tel. 0201/49 15 78
www.two-wheels-bikes.de

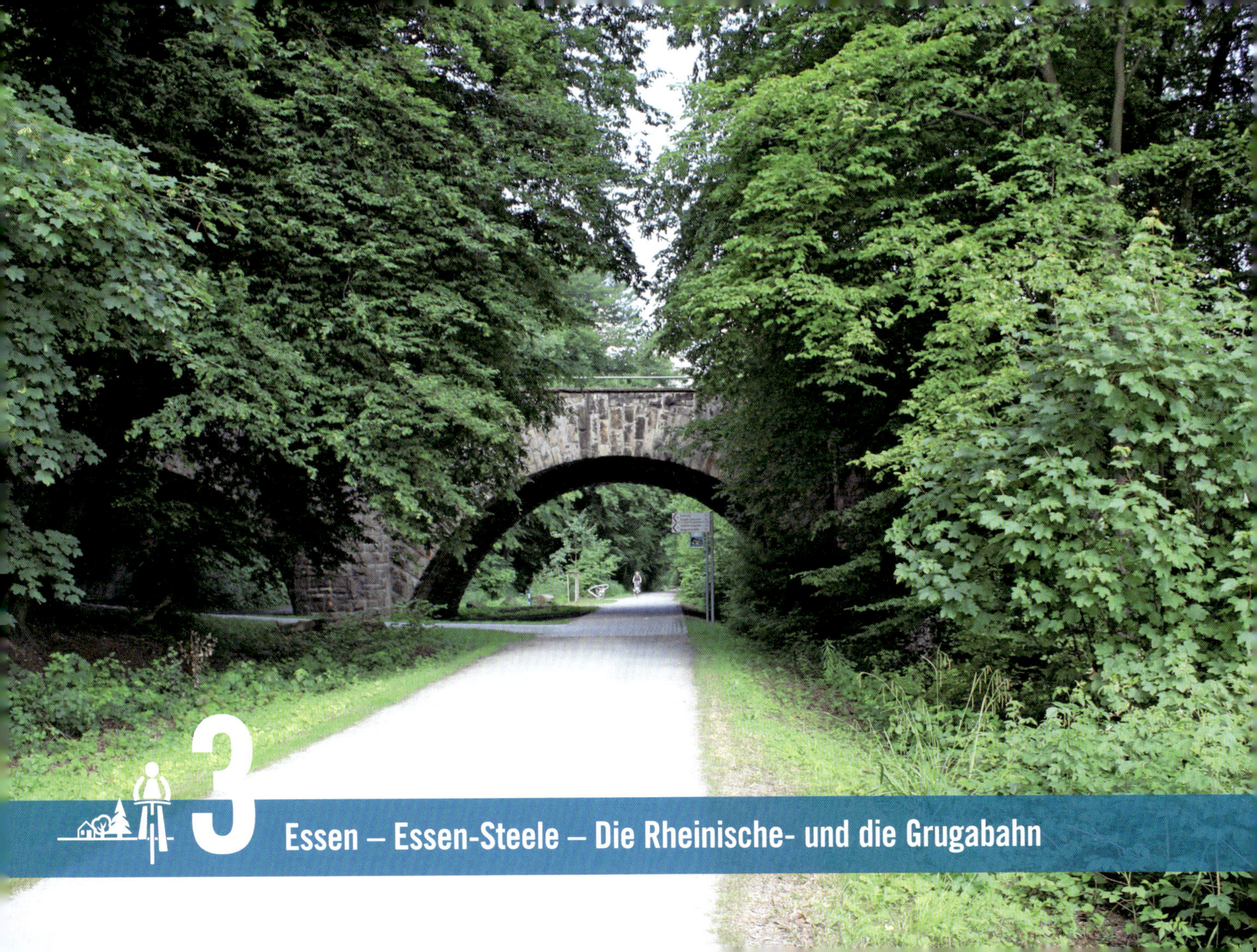

3 Essen – Essen-Steele – Die Rheinische- und die Grugabahn

3 Essen – Essen-Steele

AUF EINEN BLICK

Start: Hauptbahnhof Essen

Anfahrt: (Bahn) mit mehreren RE- und RB-Linien, (Pkw) A 40, Ausfahrt 23 oder A 52, Ausfahrt 29

Ziel: Bahnhof Essen-Steele Ost

Sehenswürdigkeiten: Neue Mitte Essen, Krupp-Park Margaretenhöhe, Grugapark, Uhlenkrug-Stadion

Einkehrmöglichkeiten: Finca & Bar Celona in Essen

Länge der Strecke: 19 km

Schwierigkeitsgrad: leicht

Wegbeschaffenheit: gute, asphaltierte Wege, teils Schotterwege

Beschilderung: NRW-Radverkehrsnetz

GPS-Daten zur Tour 3 abrufbar unter www.bachem.de

Vorherige Seite: Auf der Gruga-Bahn in Essen

Die Rheinische- und die Grugabahn

Aus der neuen Mitte in Essen radeln wir die ersten Kilometer auf der zukunftsträchtigen Radtrasse des Radschnellwegs Ruhr 1 von der Uni Essen zur Uni Duisburg. Hier sollen einmal beide Universitäten auf einem Radweg miteinander verbunden werden. Nach diesem ersten Trassenabschnitt fahren wir an der Grenze zu Mülheim an der Ruhr auf den Grugaweg. Mitten durch das Stadtgebiet führt diese reizvolle Strecke am Grugapark vorbei bis zur Ruhr hinunter.

Wir starten am Hauptbahnhof in Essen und wenden uns zum Hauptausgang. Dort halten wir uns links, überqueren die Hollestraße und rollen zum Willy-Brandt-Platz (rote Wegweiser Richtung Universität). Hier geht es halb links auf die Rathenaustraße zum Theaterplatz. Zuerst müs-

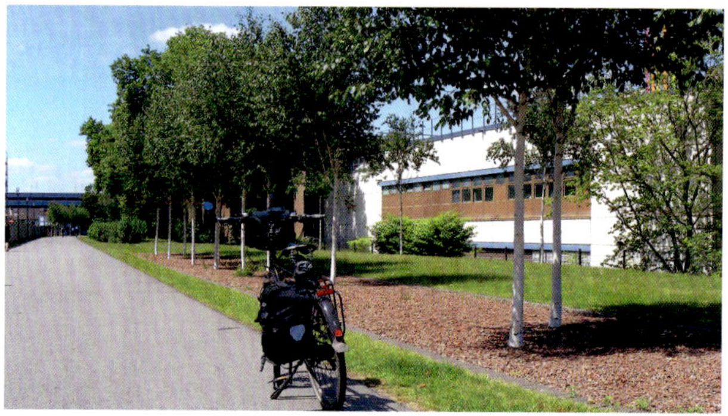

Die Neue Mitte Essen

sen wir uns rechts halten und dann geht es im leichten Linksbogen um das Theater herum und rechts in die Straße I. Hagen hinein. Bei der nächsten Möglichkeit fahren wir links auf den Kennedyplatz und bald rechts weiter. Geradeaus geht es nun auf die Straße Schwarze Horn, dann auf die I.-Weber-Straße und später auf die Turmstraße. An deren Ende halten wir uns links und nach wenigen Metern geht es rechts hinauf zur ehemaligen Trasse der **Rheinischen Bahn**. Hier entstand ab dem Jahr 2000 die neue **Neue Mitte Essen**. Aus einem riesigen Güterbahnhof, der das Univiertel und die Innenstadt trennte, wurde im Laufe der Jahre dieses ansehnliche Quartier mit Wohn- und Bürogebäuden errichtet: ein Musterbeispiel städteplanerischer Architektur. Die ehemalige Trasse wird in den kommenden Jahren zu einem etwa 100 Kilometer langen Verbindungsweg, dem Radschnellweg Ruhr 1, kurz RS 1, durchs Ruhrgebiet von Duisburg bis nach Hamm ausgebaut. Wir radeln nun auf dem ersten Teilstück dieser Trasse genüsslich in Richtung Mülheim an der Ruhr. Es sind zahlreiche Signalanlagen stehen geblieben, die uns vor Augen führen, dass es hier reichlich Verkehr gab. Nach einigen hundert Metern sehen wir links das neue **Thyssen-Krupp-Quartier**. Auf dem Gelände der alten Gussstahlfabrik, die einst tausenden Menschen Arbeit bot, ist seit 2007 ein moderner Bürokomplex errichtet worden. Am Berthold-Beitz-Boulevard ist eine neue Brücke gebaut worden, die

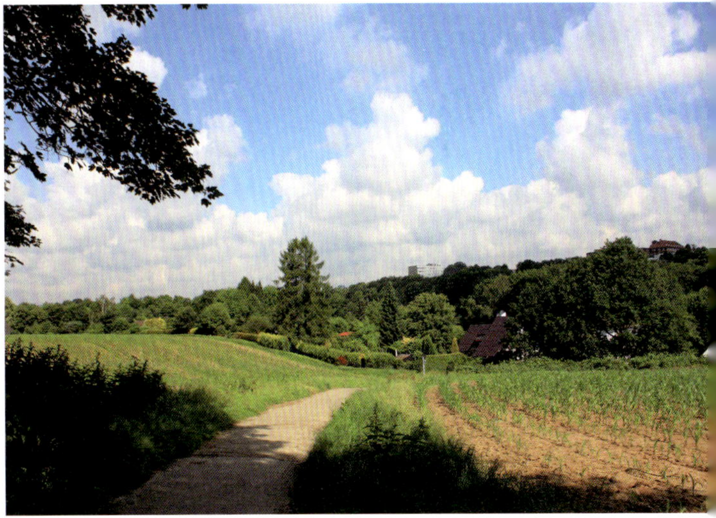

uns über die große Kreuzung bringt. Wir erreichen den neu geschaffenen **Krupp-Park**, ein abwechslungsreiches Naherholungsgebiet. Der Förderturm, der rechts von uns in die Höhe ragt, gehörte früher zur Zeche Amalie, die bis in das Jahr 1966 das schwarze Gold aus der Tiefe holte. Wir radeln weiter auf unserem Trassenweg, überqueren eine weitere Brücke und kommen zum neu geschaffenen **Niederfeldsee**, der mit Uferpromenaden und Spielplätzen aufgewertet wurde. Durch den Niedergang der Stahlindustrie in Essen

So viel Grün im Ruhrgebiet

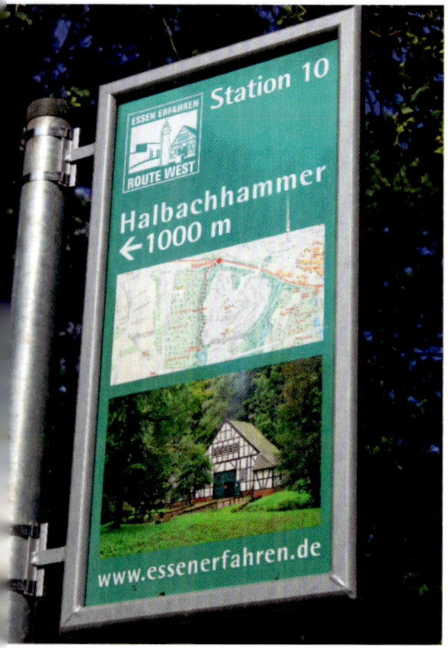

wurde viel Altes dem Erdboden gleich gemacht und dem Stadtteil Altendorf ein neues Gewand gegeben. Wir radeln weiter und kommen an eine Abzweigung. Hier wenden wir uns nicht nach rechts in Richtung Borbeck, sondern bleiben auf der Spur und fahren geradeaus in Richtung Frohnhausen weiter. Wir unter- beziehungsweise überqueren einige Straßen und kommen an die Abzweigung nach Essen zum Grugapark, der wir folgen. Scharf links über die noch bestehenden Gleise einer Güterstrecke fahren wir auf die zweite Bahnstrecke des heutigen Tages. Hier fuhr einst die in den 1880er-Jahren erbaute Grugabahn zur Ruhr hinunter. Einst wie heute eine sinnvolle Verbindung. Leicht bergab rollen wir zum Frohnhauser Weg und überqueren diesen vorsichtig. Wir fahren wieder leicht aufwärts, denn die ehemalige Brücke über den Frohnhauser Weg ist nach der Zerstörung im Krieg nicht wieder aufgebaut worden. Dann geht es weiter geradeaus. Rechts neben uns befand sich in früheren Jahren die Zechenanlage Vereinigte Rosen- und Blumendelle, eine Gemeinschaft von vier Zechen, die aber schon in den 1960er-Jahren stillgelegt worden sind. Es waren damit die letzten Zechen in Mülheim an der Ruhr. Wir radeln weiter auf der Trasse, unterqueren bald die A 40 und fahren neben dem **Borbecker Mühlenbach** weiter. Der kleine Bach, einst als „Köttelbecke“, umgangssprachlich im Ruhrgebiet als übel riechender Abwasserkanal bezeichnet, ist heute weitgehend renaturiert und fließt jetzt ohne Schmutzwassereinleitungen neben uns her. Wenig weiter zeigen Schilder rechts hinauf zur **Margaretenhöhe**, einer schönen historischen Siedlung aus der Zeit um 1910 bis 1920. Benannt wurde sie nach der Gründerin Margarete Krupp, die das Bauprojekt im Sinne der Gartenstadtidee als Wohnfürsorge plante. Wer möchte, fährt den kurzen Anstieg hinauf und radelt durch die Straßen und Gassen der Siedlung. Weiter führt uns nun unser Weg auf der Trasse an den Rand des Grugaparks, der im Zuge der Großen Ruhrländischen Gartenbau-Ausstellung 1929 als Park für die Bürger entstanden ist. Die **Gruga** ist heute eine Institution mit den weitläufigen Grünanlagen und der benachbarten Messe. Vom Radweg aus kann man das **Ronald McDonald Haus** der gleichnamigen Kinderhilfestiftung sehen, das im unverwechselbaren Hundertwasser-Stil errichtet wurde. Wir radeln weiter auf der Trasse, unterqueren bald zwei Straßen und stehen am

Links und rechts der Strecke gibt es noch viel zu entdecken.

Giradethaus. Das traditionsträchtige Verlagshaus, das 1865 hier entstand, entwickelte sich im Laufe der Jahre zu einem europäischen Großunternehmen. Neben mehreren Tageszeitungen kamen auch zahlreiche Illustrierte aus diesem Haus. Bis 1988 gab es hier für viele Menschen Arbeit, heute erinnert nur noch der Name an das Unternehmen.

Man sieht es dem Platz, der sich links auftut, nicht mehr an, dass hier einst Gleise lagen. Von der Grugastrecke bog hier ein Gleis zur Zeche Ludwig ab, die in Essen-Bergerhausen stand. Wir fahren weiter, überqueren bald die A 52 und eine weitere Straße. Gleich taucht rechts das legendäre **Uhlenkrug-Stadion** auf. Der Fußballverein Schwarz-Weiß Essen spielte hier teils vor bis zu 45.000 begeisterten Fans. Das bedeutendste Spiel gab es 1951. Deutschland gegen Luxemburg, das Deutschland mit 4:1 gewann. Wir radeln weiter leicht bergab und lassen den Ortsteil **Essen-Rellinghausen** rechts liegen. Links stand die Zeche Schnabel ins Osten, der nur eine sehr kurze Betriebsdauer vergönnt war. Nicht mehr als acht Jahre bestand die Anlage von 1902 bis 1910. Sie wurde übernommen und fortan unter dem Namen Zeche Langenbrahm Schacht 2 weitergeführt. Heute erinnert nur noch wenig an die damalige Zechenanlage.

Wir treffen bald auf die Ruhr und radeln neben ihr her, bis wir die zwei Eisenbahnbrücken am Wasserwerk Essen-Steele passieren. Es ist eines der beiden letzten Relikte der Strecke. An der kommenden Brücke ist die Fahrt auf der Trasse zu Ende und wir müssen auf Radwege und Straßen ausweichen. Wir überqueren die Straße an der Kurt-Schumacher-Brücke und fahren auf der gegenüberliegenden Seite weiter. Es folgt eine weitere Kreuzung, die wir überqueren. Wir erreichen nach wenigen Pedaltritten den Bahnhof Essen-Steele Ost, der rechts an der Bochumer Landstraße auftaucht. Wir können von hier per S-Bahn zurück zum Ausgangspunkt gelangen.

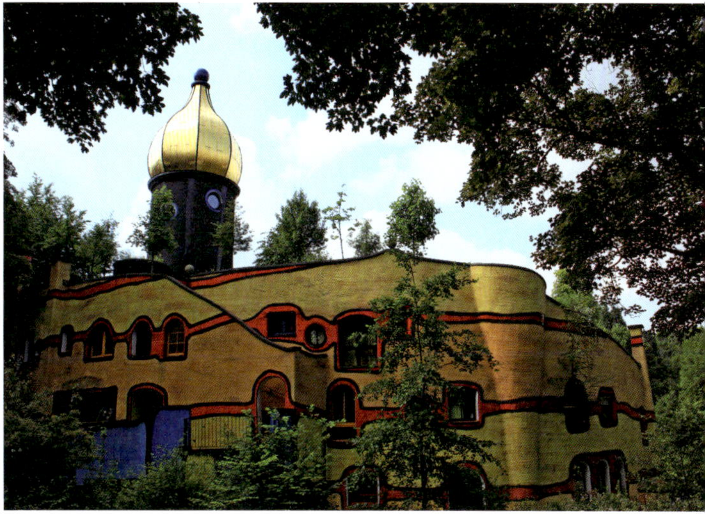

Das Hundertwasser-Haus im Grugapark

Zum Hauptausgang des Bahnhofs; die Hollestraße überqueren und **links ←** weiter; **rechts →** auf Willy-Brandt-Platz fahren und **halb links ↖** halten auf Rathenaustraße radeln; **geradeaus ↑** bis Theaterplatz und **rechts →** der Straße folgen; **rechts →** in I. Hagen fahren und **geradeaus ↑** weiter; am Kennedyplatz **links ←** weiter und bald **rechts →**; **geradeaus ↑** auf Schwarze Horn und **geradeaus ↑** auf I. Weberstraße fahren; **geradeaus ↑** auf Turmstraße und am Ende **links ←** auf Rheinische Straße; bald rechts (rote Pfeile beachten) zur Trasse und **links ←** auf dieser weiterfahren; **geradeaus ↑** bis Berthold-Beitz-Boulevard und diesen überqueren; **geradeaus ↑** bis **Abzweig Grugaweg**; **geradeaus ↑** bis **Giradethaus; halb rechts ↗** den roten Pfeilen folgen; geradeaus bis **Essen-Steele**; am Ende der Trasse die Straße an der Kurt-Schuhmacher-Brücke überqueren und an der Hengeler Straße weiter (Radweg); an der nächsten Straße Ruhrau per Ampel überqueren und **geradeaus ↑** weiter auf Bochumer Landstraße; der Bahnhof befindet sich auf der rechten Seite.

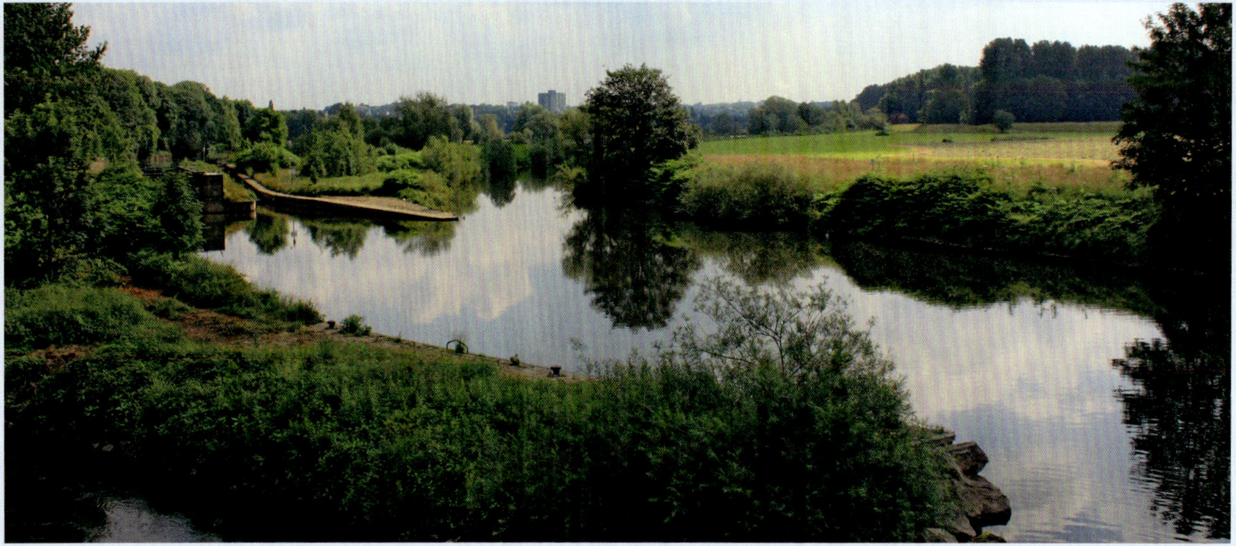

Idyllisch ist es an der Ruhr.

3

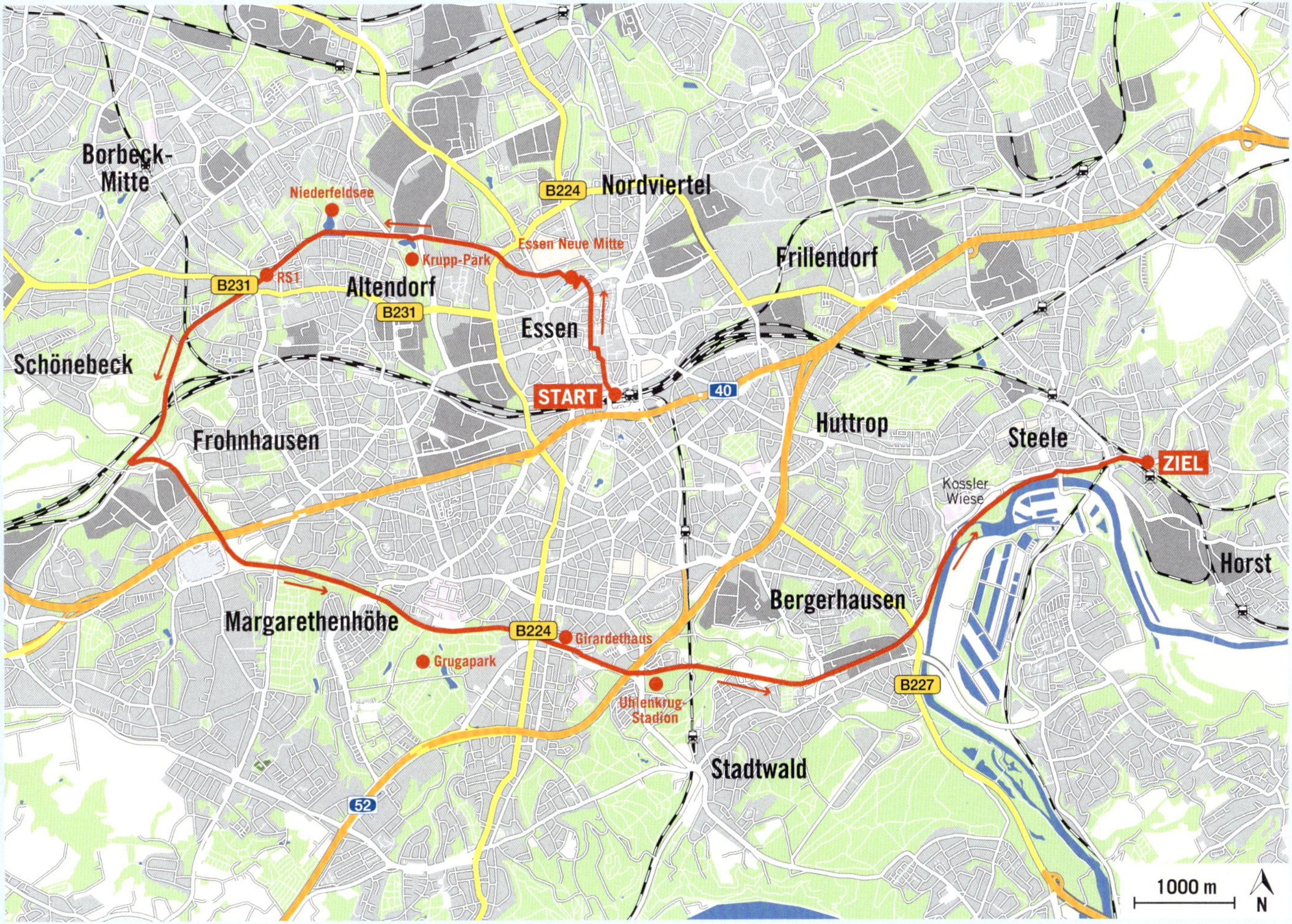

GPS-Daten zur Tour 3 abrufbar unter www.bachem.de

Tourismus-Informationen

Visit Essen – Tourist Info
Kettwiger Straße 2-10
45127 Essen
Tel- 0201/8 87 23 33
www.visitessen.de

Museen und Sehenswürdigkeiten

Grugapark Essen
Virchowstraße 167a
45147 Essen
Tel. 0201/8 88 31 06
www.grugapark.de

Einkehrmöglichkeiten

Finca & Bar Celona
Westfalenstraße 4
45136 Essen-Steele
Tel. 0201/59 27 67 37
www.celona.de

Fahrradservice

GSE Fahrradwerkstatt Rüttenscheid
Wittenbergstraße 2-4
45131 Essen
Tel. 0201/85 46 64 10
www.gse-essen.de

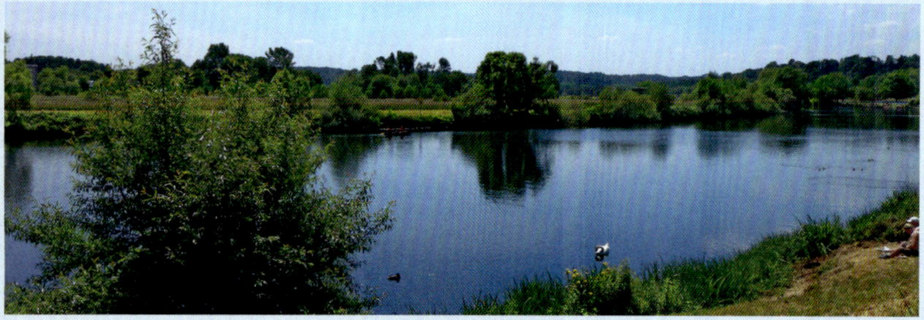

Wir fahren am Fluss entlang.

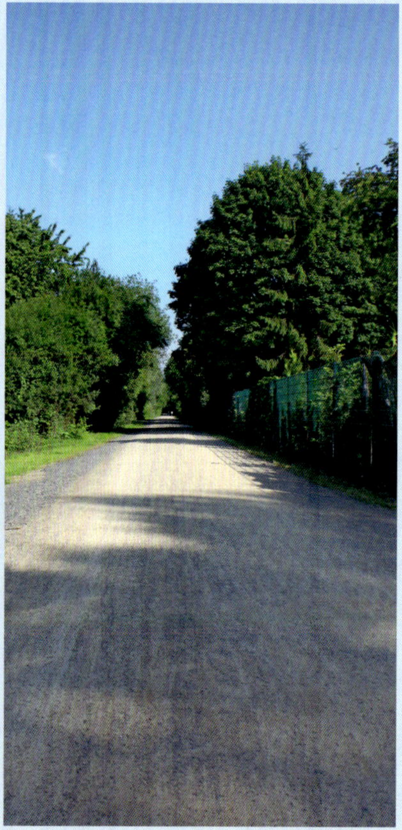

Der neue RS 1

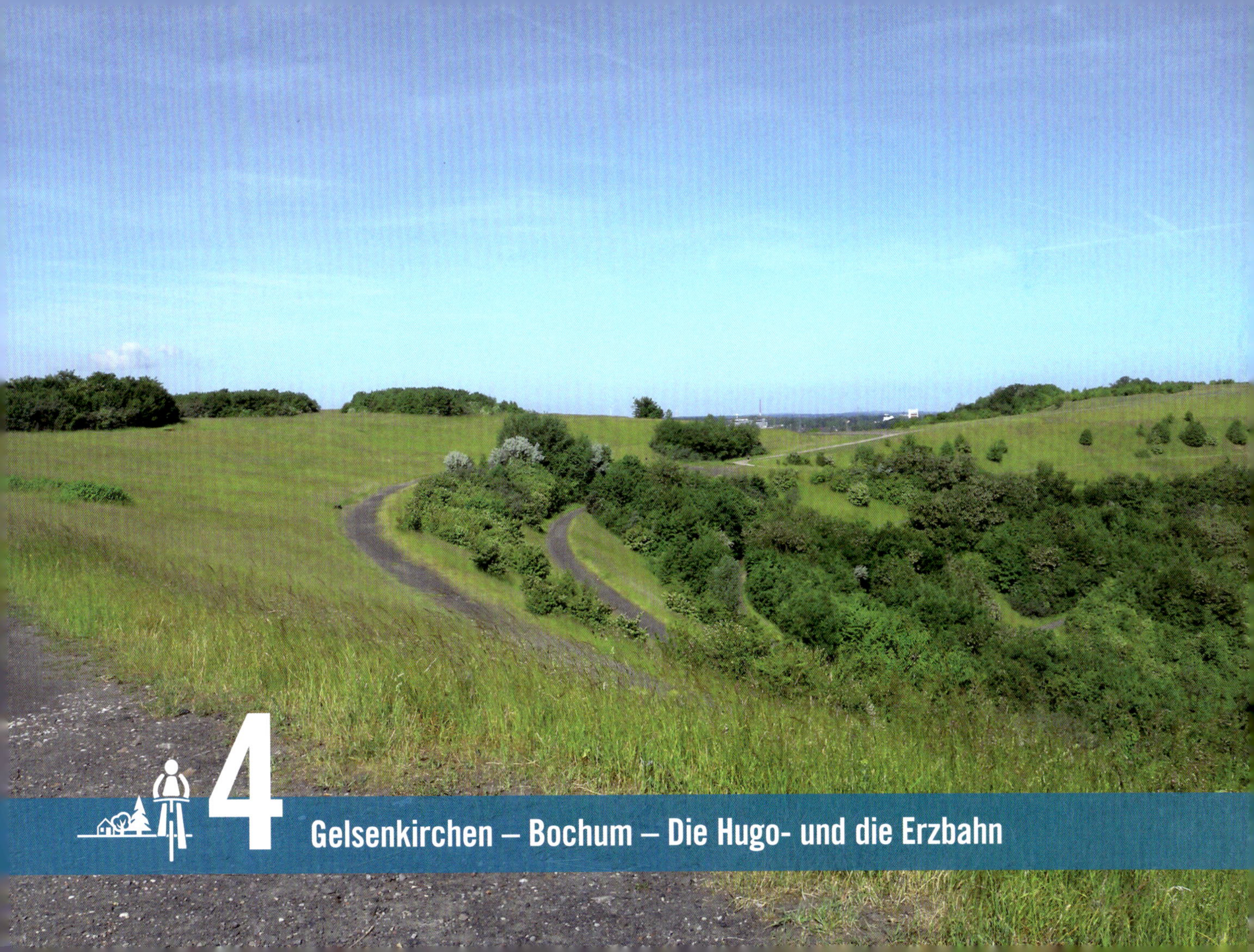

4 Gelsenkirchen – Bochum – Die Hugo- und die Erzbahn

4 Gelsenkirchen – Bochum

AUF EINEN BLICK

Start: Bahnhof Gelsenkirchen-Buer Nord

Anfahrt: (Bahn) mit der Linie S 9, (Pkw) A 2, Ausfahrt 6

Ziel: Hauptbahnhof Bochum

Sehenswürdigkeiten: Halde Rungenberg, Veltins-Arena, Zoom Erlebniswelt, Jahrhunderthalle

Einkehrmöglichkeiten: Erzbahnbude in Gelsenkirchen

Länge der Strecke: 24 km

Schwierigkeitsgrad: leicht

Wegbeschaffenheit: gute, asphaltierte Wege, teils Schotterwege

Beschilderung: NRW-Radverkehrsnetz

GPS-Daten zur Tour 4 abrufbar unter www.bachem.de

Vorherige Seite: Auf der Halde Rungenberg

Die Hugo- und die Erzbahn

Auf zwei Bahntrassenradwegen treffen wir auf dieser Tour, die aufgrund ihrer Nachbarschaft gut zusammen gefahren werden können. Gleich zu Beginn besteht die Möglichkeit, hoch hinauszufahren. Alte Arbeitersiedlungen und Relikte aus der Zeit des Bergbaus begleiten uns auf unserer Strecke. Ein Stadion der Extraklasse, Industrieanlagen, die bunt leuchten und elegant geschwungene Brücken säumen unseren Weg. Wer möchte, kann in den Zoo gehen und sich die wilden Tiere ansehen oder durchstarten auf der Erzbahntrasse mit ihren 14 Brücken. Unterwegs werden wir immer wieder Zeuge der einstigen Bergwerkswelt.

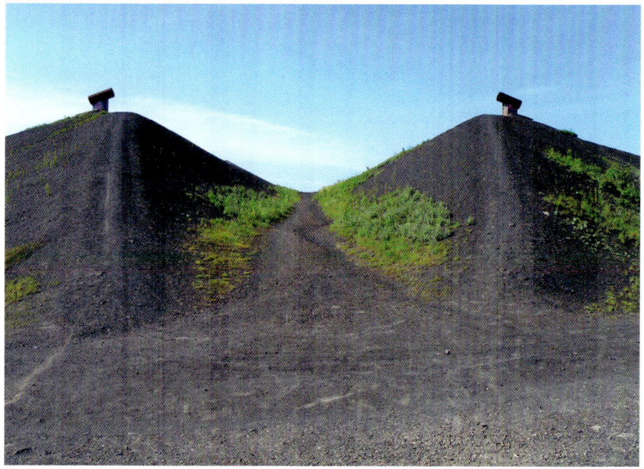

Installation auf der Halde Rungenberg

Wir begeben uns zum Ausgang des Bahnhofs und stehen vor der Straße Königswiese, die wir überqueren müssen. Die Ampelanlage befindet sich etwas rechts versetzt. Wir radeln links weiter, unter der Unterführung hindurch bis zur Ampel und biegen dort rechts auf den Nordring ab. An der kommenden Ampel geht es nach links in die Mühlenstraße. Geradeaus fahren wir weiter, dann kreuzen wir die Straße Freiheit und radeln auf die Hagenstraße. Bei der nächsten Möglichkeit biegen wir rechts in die Hochstraße und gleich die nächste links in die Beisenstraße ein. Nach etwa 450 Metern lenken wir unsere Räder rechts auf die Röckstraße und fahren bis zur Vinckestraße (B 226) vor, überqueren diese und radeln auf der Devesestraße weiter. An der zweiten Straße biegen wir links in die Düppelstraße ein und fahren ein Stück geradeaus. Bei der dritten Möglichkeit geht es rechts in die Steinmetzstraße. Nach etwa 150 Metern sehen wir links den Beginn des Trassenwegs der **Hugo-Bahn**.

Hier besteht die Möglichkeit, einen Abstecher zur **Halde Rungenberg** zu unternehmen. Dazu fahren wir geradeaus auf der Ostfalenstraße weiter. Am Ende geht es links auf die Holthauser Straße, die wir bis zum Ende durchfahren. Der Weg nach oben ist nicht beschildert. Geradeaus geht es auf den Schotterweg und gleich darauf rechts weiter. Am Ende müssen wir scharf links abbiegen und bergauf weiterradeln.

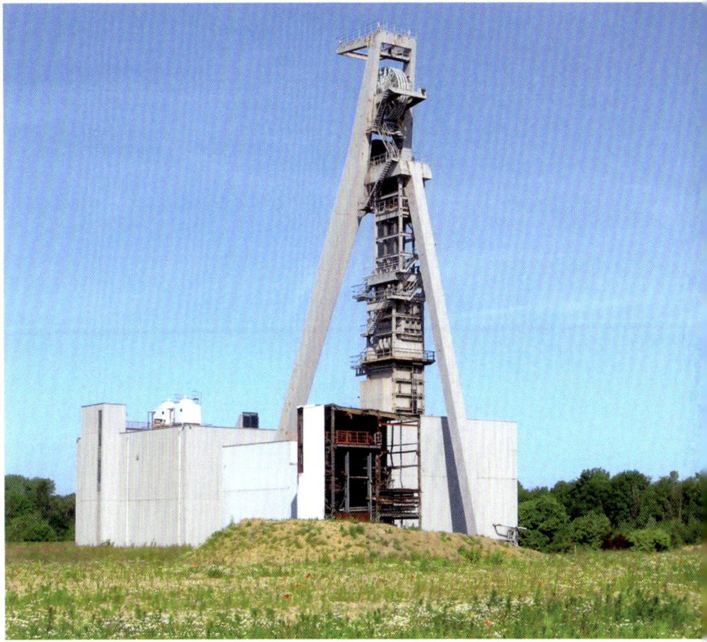

Es folgen eine große Rechtskurve und bald danach eine große Linkskurve und dann sind es nur noch einige hundert Meter, bis wir oben angekommen sind. Hier liegt der Abraum der Zeche Hugo, der 110 Meter über N.N. misst, aber seit 1999 nicht mehr aufgeschüttet wird. Die beiden rosti-

Zeche Hugo, Schacht 2

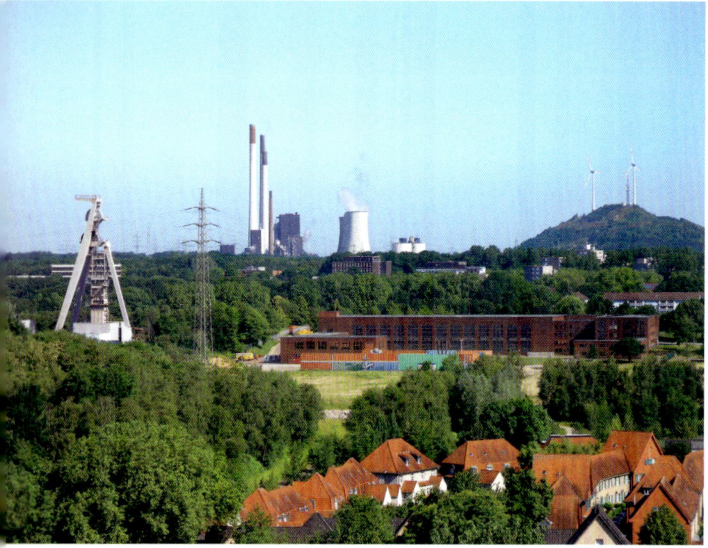

gen Licht-Kanonen zeigen nachts die Form einer Pyramide. Bei gutem Wetter kann man von hier oben fast das gesamte Ruhrgebiet überblicken. Sehr nahe ist die Veltins-Arena zu sehen. Der Weg zurück ist identisch mit dem Hinweg.

Wir wechseln auf die Trasse, die bald auf der gegenüberliegenden Seite ausgebaut werden soll. Der Weg führt um die schöne Schüngelberg-Siedlung herum und bald am alten Schacht 1 und 4 vorbei. Heute sind hier nur noch die sogenannten Protegohauben mit ihren roten Sperrventilen zu sehen. Diese lassen kontrolliert die noch entstehenden Grubengase ins Freie. Bald unterqueren wir die A 2 und stehen vor einer weiteren Attraktion dieser Tour. Das alte **Bahnwärterhäuschen der Hugo-Bahn** ist außergewöhnlich. An manchen Tagen trifft man hier auf Leute in Bergmannstracht. In liebevoller Eigeninitiative wurde das Häuschen restauriert und mit zahlreichen Erinnerungsstücken ausgeschmückt. Mit etwas Glück trifft man den Besitzer an.

Wir überqueren die Horster Straße und radeln weiter auf der Hugo-Trasse. Wer die Augen aufhält und mal links in die Ferne schaut, ist der Arena auf Schalke beziehungsweise der **Veltins-Arena** schon sehr nahe. Etwas mehr als einen Kilometer Luftlinie liegt das Fußballstadion entfernt. Wer dort vorbeifahren möchte, sieht bald die Wegweiser zur Arena. Diese leiten uns auf den Weg nach links. Der Theodor-Otte-Straße folgen wir, bis wir links über eine kleine Brücke geleitet werden. Dann haben wir die Arena erreicht. Das Multifunktionsstadion ist vielfältig nutzbar. Neben den obligatorischen Fußballspielen werden hier Konzerte, Opern und sogar Biathlon-Wettbewerbe aufgeführt beziehungsweise ausgetragen. Bis zu knapp 80.000 Personen finden hier Platz. Dort ist auch das **Schalke Museum** zu finden. Das Besondere an der Arena ist das Dach: Es kann komplett geschlossen werden.

Blick über das Ruhrgebiet

Verzichten wir auf den Abstecher zur Arena, fahren wir einfach weiter geradeaus auf der neu ausgebauten Trasse. Neben der Emscher führt der Trassenweg noch ein Stück weiter und endete gegenüber dem Hafen Hugo, den wir auf der gegenüberliegenden Seite ahnen, aber von hier nicht sehen können. Wir biegen an der kommenden Kreuzung rechts ab, überqueren dabei die Emscher und fahren kurz vor dem Kanal links auf den Weg. Gleich links nebenan steht ein Kugelgasbehälter mit einer interessanten Farbgebung. Industrie mal schön verpackt! Wir radeln weiter, erkennen rechts gegenüber die neu erbaute Fußgänger- und Radbrücke über der Einfahrt des Hafens Bismarck. Wir unterqueren eine Straße, fahren um den Kanu-Club herum und stehen bald vor der schön gestalteten Brücke, mit dem tollen Namen: **Grimberger Sichel**. Wir lenken sehr scharf rechts, überqueren die Brücke und fahren dann geradeaus. Nach wenigen Metern befinden wir uns unbemerkt auf der **Erzbahntrasse**, die früher am Grimberger Hafen endete. Rechts von uns liegt der Zoo von Gelsenkirchen: die **Zoom Erlebniswelt**. Wer dem Zoo noch einen Besuch abstatten möchte, biegt bald rechts ab und folgt damit der Beschilderung.

Unser Weg führt jetzt lange Zeit immer geradeaus und immer leicht bergan. Die Erzbahntrasse ist zu einer Zeit gebaut worden, als schon etliche Gleise lagen und diese

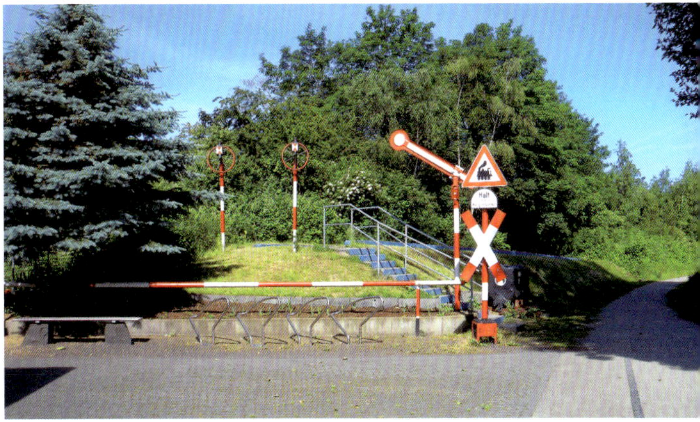

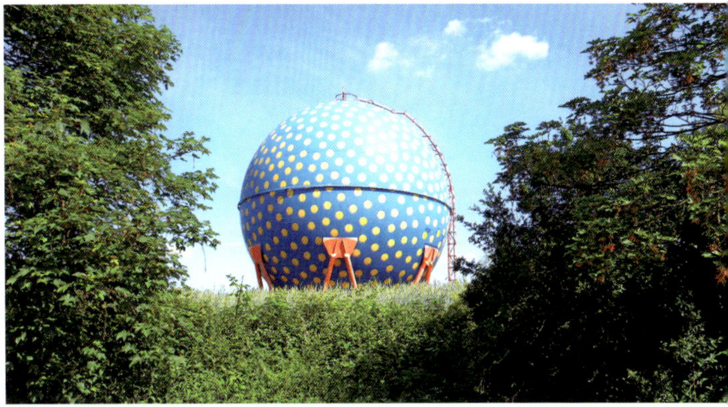

Am Bahnwärterhäuschen der Hugo-Bahn (o.), Gaskugelbehälter mal in Schön (u.).

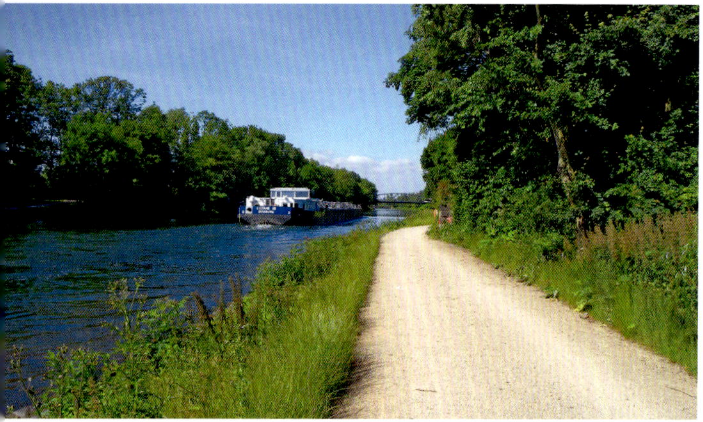

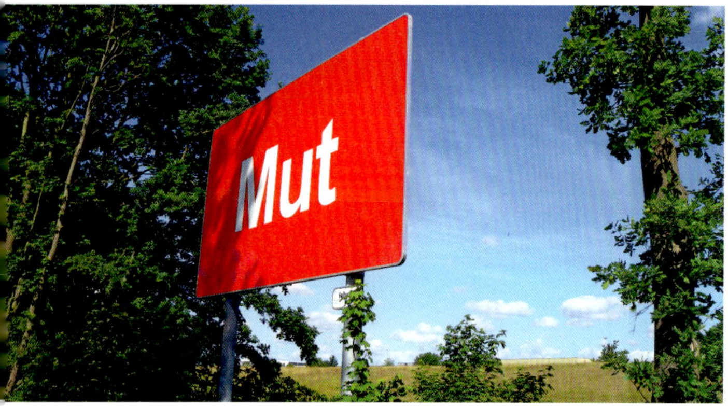

Am Rhein-Herne-Kanal (o.), „Mut“, ein weiteres Kunstobjekt am Kulturkanal (u.)

überbrückt werden mussten. Nicht weniger als 15 Brücken wurden in verschiedensten Bauweisen errichtet, um die Strecke von Bochum hierher zu bauen. Heute überfahren wir 14 von ihnen und werden kurz vorher mit einem Hinweisschild darauf aufmerksam gemacht. Dort sind allerlei Daten zu der jeweiligen Brücke notiert. Wir unterqueren die noch bestehende Eisenbahnbrücke und erkennen durch das Dickicht links neben uns die **Zechenanlage Pluto-Wilhelm** mit dazugehöriger Bergehalde. Die ersten Brücken lassen gar nicht lange auf sich warten und werden von uns unter die Räder genommen. Wer genau hinsieht, erkennt rechts die abzweigenden Gleise, die zum Schalker Verein, einem großen Unternehmen, das Stahl und Eisenwaren produzierte und von hier aus mit Eisenerz versorgt wurde, führten.

Wenig weiter auf unserer Strecke überfahren wir die große Pfeilerbrücke, auch **Erzbahnbrücke Nr. 9** genannt. Es ist eine ganz besondere Brücke. Denn um eventuellen Bergsenkungen durch den Bergbau zuvor zu kommen, wurde die Brücke so konstruiert, dass sie in der Höhe verstellbar ist. Ein paar Pedaltritte weiter steht die **Erzbahnbude**. Der kleine Imbissstand ist Treff vieler Radler und Jogger. An der ehemaligen Weiche, die hier die Schienen in verschiedene Richtungen teilte und die noch heute mit einem Einmannbunker ausgestattet ist, hat sich die Erfrischungsbude eine weit über die Grenzen hinaus bekannten Namen gemacht.

Wir können uns dort erholen und bei kühlen Getränken etwas fachsimpeln. Rechts sehen wir noch Relikte des Bergbaus. Halden prägen noch heute das Ruhrgebiet. Die Trasse macht einen Bogen nach Osten, um dann nach wenigen Kilometern wieder gen Süden zu kehren. Das rechts und links von uns liegende Industriegebiet war früher die **Zechenanlage Vereinigte Carolinenglück**. Heute ist hier außer dem Förderturm nicht mehr viel zu finden vom einstigen Bergbau.

Wir überqueren die A 40 und radeln weiter auf dem Trassenweg, der wieder einen Bogen in Richtung Osten einschlägt. Die Trasse ist hier verlegt worden, damit wir die bestehende Bahnstrecke überqueren können. Die Erzbahnschwinge, eine tolle Konstruktion, steht als letzte Brücke auf unserem Programm. Wir treffen auf das riesige Gebiet des einstigen Bochumer-Vereins. Die große **Jahrhunderthalle**, die allgegenwärtig hier auf den Wegweisern steht, ist die ehemalige Gebläsehalle der Hochöfen des Bochumer-Vereins. Heute stehen hier Konzerte und diverse andere Veranstaltungen hoch im Kurs. Wir fahren um das Gelände herum, folgen den Wegweisern bis szur Alleestraße, biegen dort links ab. Die Wegweiser und roten Pfeile führen uns bis zum Hauptbahnhof Bochum. Wir werden durch die Fußgängerzone geleitet, sehen auch bald den Bahnhof und können von dort die Rückfahrt antreten.

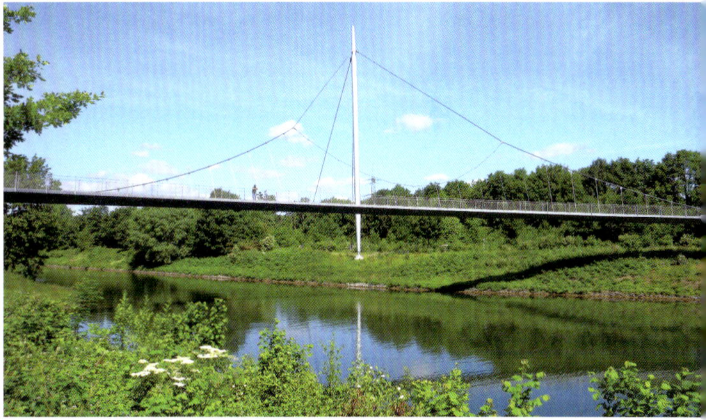

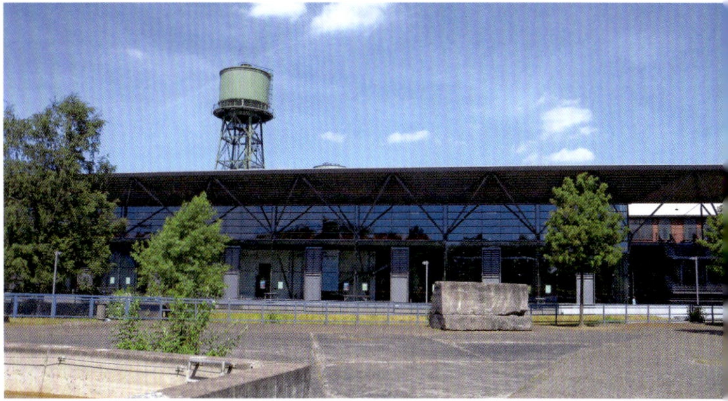

Die Grimberger Sichel (o.), die Jahrhunderthalle Bochum (u.)

Beim Ausgang am Bahnhof kurz **rechts→** bis zur Ampel fahren; die Ampel überqueren und **links←** auf die Straße Königswiese; an der nächsten Ampel **rechts→** auf Nordring und dann **links←** in die Mühlenstraße fahren; die Straße Freiheit überqueren und **geradeaus↑** auf Hagenstraße fahren; **rechts→** auf Hochstraße radeln und dann **links←** auf Beisenstraße; **geradeaus↑** bis Kreuzung und leicht **rechts→** auf Röckstraße fahren; die Vinckestraße queren und **geradeaus↑** auf Devesestraße; zweite Straße **links←** auf Düppelstraße lenken; dritte Straße **rechts→** auf Steinmetzstraße radeln und bald **links←** auf die Trasse fahren.

Abstecher zur Halde Rungenberg: **geradeaus↑** auf Ostfalenstraße und am Ende **rechts→** auf Holthauser Straße lenken; am Ende **geradeaus↑** auf den Schotterweg und sofort **rechts→** weiter; am Ende **scharf links↙** und weiter bergauf fahren; Rechts-links-Kurve und weiter bis zum Ende; Rückweg wie Hinweg.

Auf der Hugo-Trasse **geradeaus↑** bis zur Horsterstraße und per Ampel überqueren; **geradeaus↑** bis Ausbauende und **links←** zur Straße; **rechts→** auf die Pfeilstraße fahren und bald **rechts→** auf die Schäferstraße lenken.

Abstecher zur Veltins-Arena: **links←** auf die Theodor-Otte-Straße und **geradeaus↑** bis zur kleinen Brücke; links bis zum Stadion hinauffahren.

Auf der Trasse **geradeaus↑** bis zu deren Ende weiterfahren und an der Straße **rechts→** über die Brücke; die Emscher überqueren und vor dem Kanal **links←** auf den Schotterweg nach unten fahren; um den Kanu-Club herum bis zur Brücke Grimberger Sichel; **scharf rechts↘** und über die Brücke; immer **geradeaus↑** (rote Wegweiser Jahrhunderthalle) bis zur Alleestraße; **links←** auf die Alleestraße und **geradeaus↑** weiterfahren; **geradeaus↑** auf Willy-Brandt-Platz und weiter auf Bongardstraße; **geradeaus↑** auf Massenbergstraße und bis zur Kreuzung fahren; **rechts→** auf Kurt-Schuhmacher-Platz und an der Ampel links zum Bahnhof.

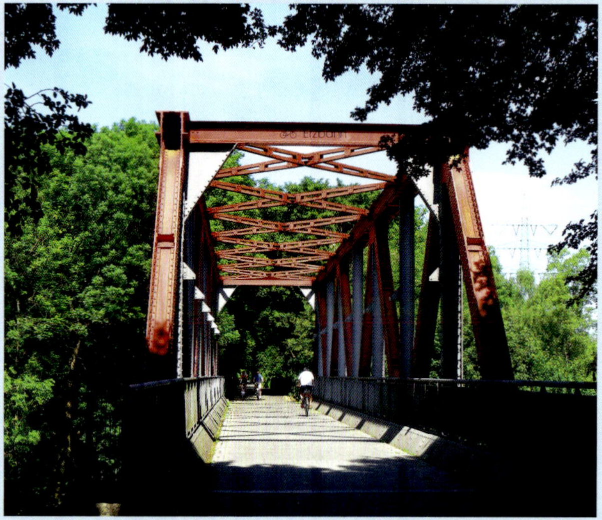

Eine der 14 Erzbahnbrücken

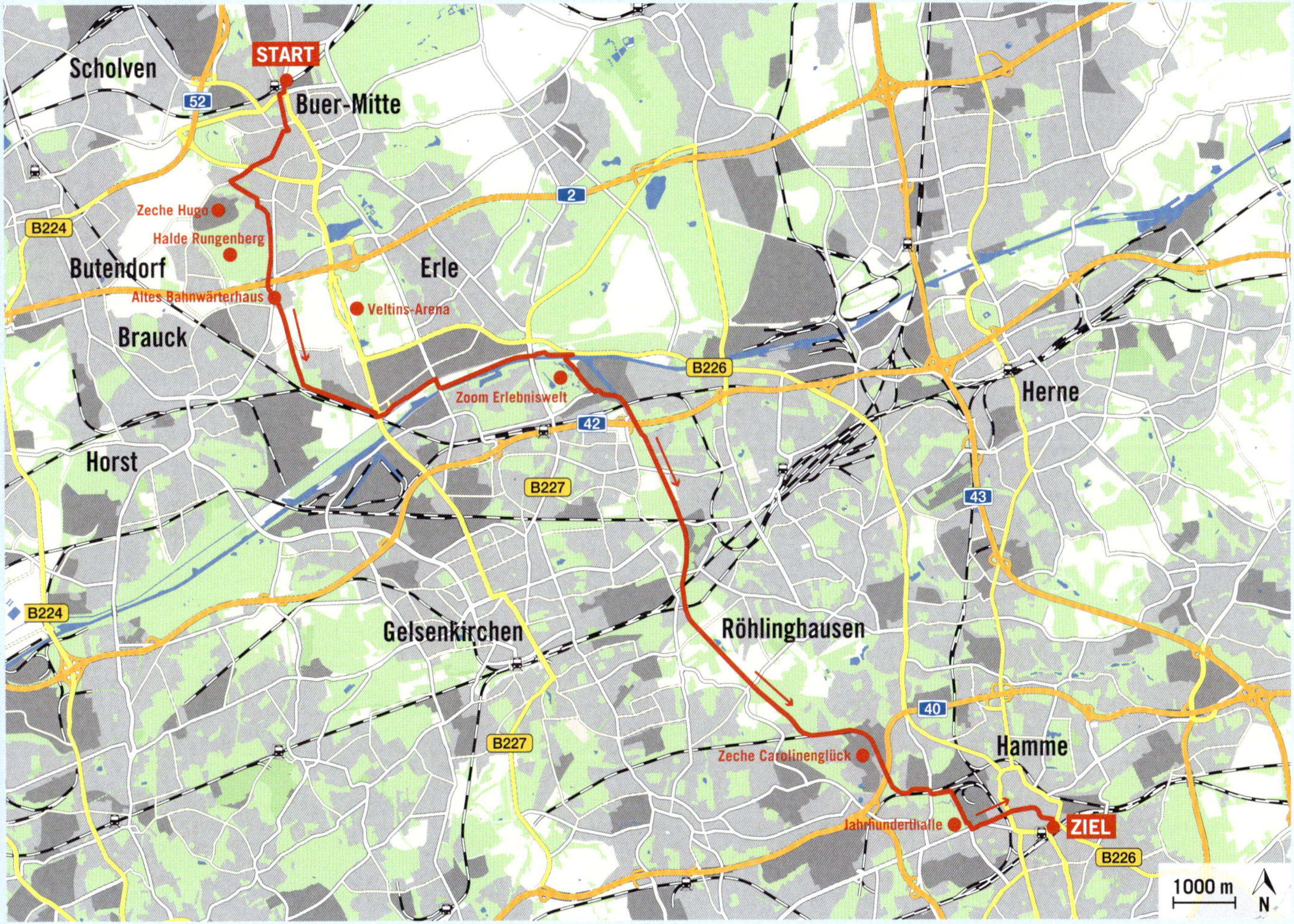

GPS-Daten zur Tour 4 abrufbar unter www.bachem.de

Tourismus-Informationen

Stadt- und Touristinfo
Hans-Sachs-Haus
Ebertstraße 11
45879 Gelsenkirchen
Tel. 0209/1 69-39 68
www.gelsenkirchen.de

Museen und Sehenswürdigkeiten

Bahnwärterhaus Hugo-Bahn
Horsterstraße 290
45899 Gelsenkirchen-Beckhausen

Veltins-Arena
Schalke Museum
Ernst-Kuzorra- Weg 1
45891 Gelsenkirchen
Tel. 0209/97 75 18 77
www.veltins-arena.de

Einkehrmöglichkeiten

Erzbahnbude (direkt an der Trasse)
Hinter Bermeshof
45886 Gelsenkirchen

Freizeiteinrichtungen

Zoom Erlebniswelt
Bleckstraße 64
45889 Gelsenkirchen
Tel. 0209/9 54 50
www.zoom-erlebniswelt.de

Fahrradservice

Radhaus Servicestation
Bulmkerstraße 149
45888 Gelsenkirchen
Tel. 0209/361 44 00
www.radhaus-servicestation.de

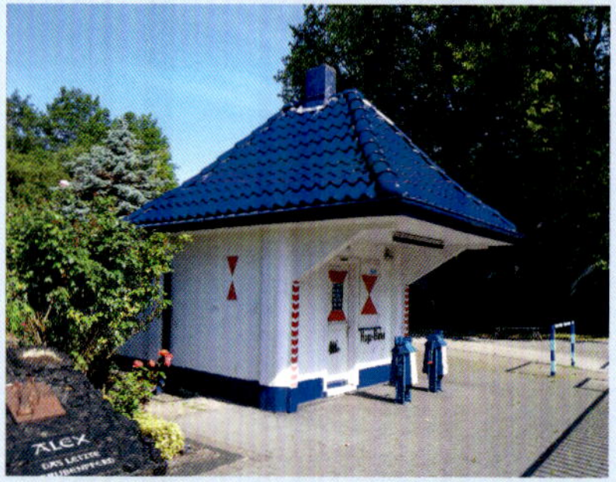

Bahnwärterhäuschen der Hugo-Bahn

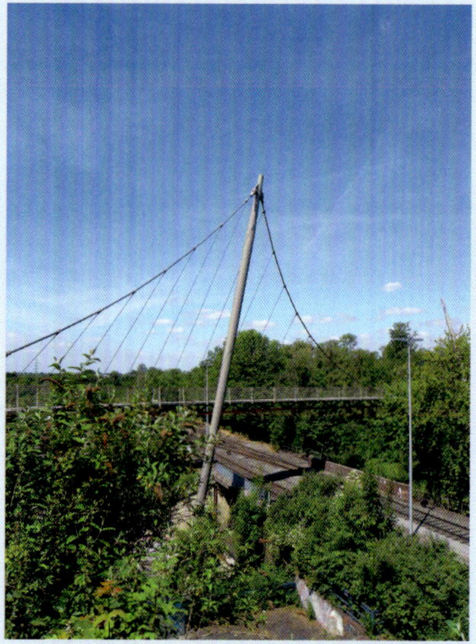

Die Erzbahnschwinge

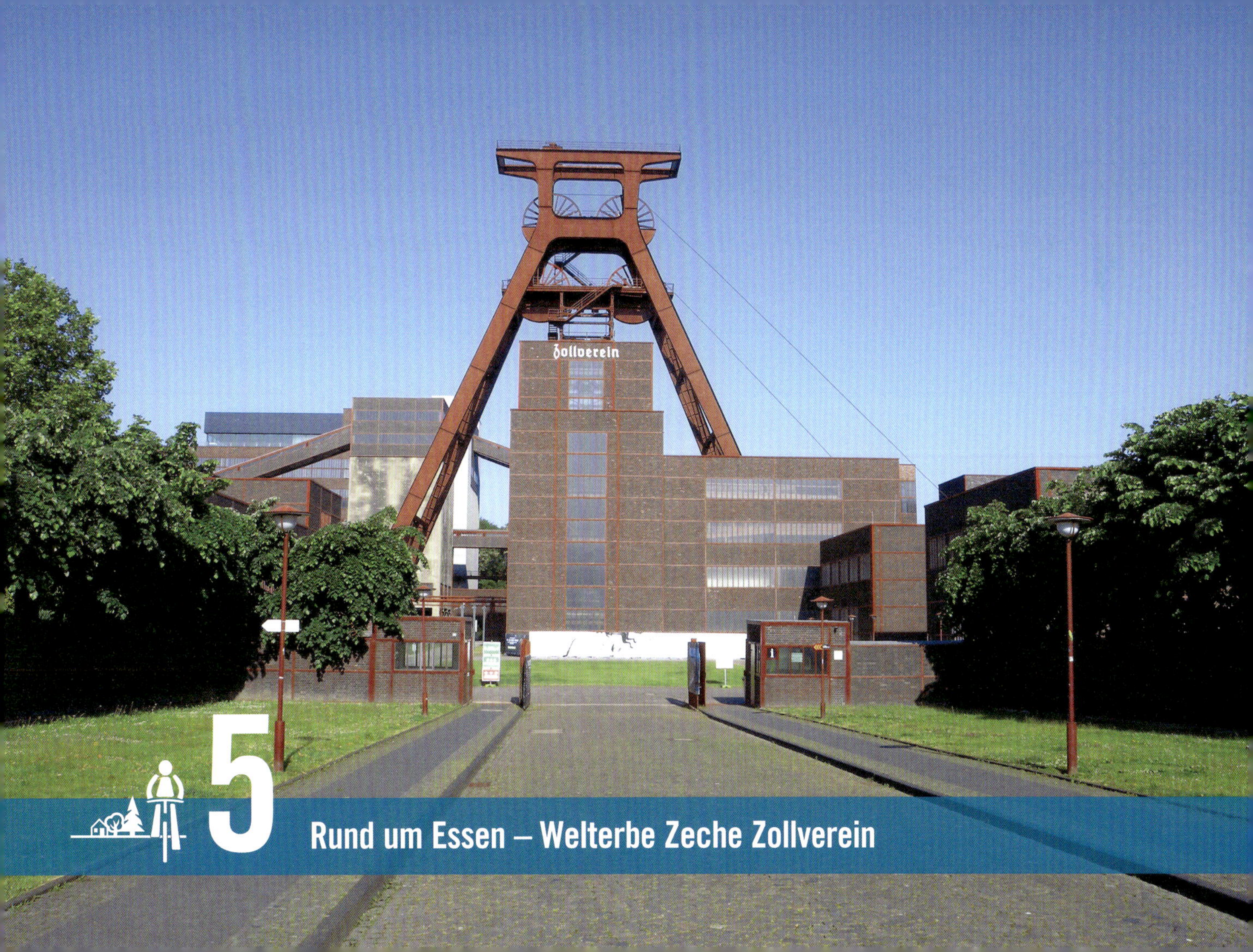

5 Rund um Essen – Welterbe Zeche Zollverein

5 Rund um Essen

AUF EINEN BLICK

Start/Ziel: Hauptbahnhof Gelsenkirchen

Anfahrt: (Bahn) mit den Linien RE 2, RE 3, RB 42 und S 2, (Pkw) A 42, Ausfahrt 13

Sehenswürdigkeiten: Zeche Consol, Nordsternpark, Schurenbachhalde, Revierpark Nienhausen, Zeche Zollverein, Phänomania Erfahrungsfeld, Landschaftspark Mechtenberg, Halde Rheinelbe

Einkehrmöglichkeiten: Heiner's in Gelsenkirchen, Die Kokerei in Essen

Länge der Strecke: 36 km

Schwierigkeitsgrad: leicht

Wegbeschaffenheit: gute, asphaltierte Wege, teils Schotterwege

Beschilderung: NRW-Radverkehrsnetz

GPS-Daten zur Tour 5 abrufbar unter www.bachem.de

Vorherige Seite: Die Zeche Zollverein

Welterbe Zeche Zollverein

Ganz eng miteinander verbunden sind die Begriffe Ruhrgebiet und Zeche Zollverein. Heute ist es kaum vorstellbar, dass die Zechen, Hochöfen und Kokereien einst ihre Dämpfe in die Luft geblasen haben. Viel Buntes gab es nicht in dieser Gegend, umso erfreulicher ist heute der Umstand, dass es diese Fabrikungetüme nicht mehr gibt und das Ruhrgebiet grün und bunt geworden ist. Auf den kommenden 36 Kilometern ist alles Grüne und Bunte vereint und erradelbar. Auf den Sattel und los!

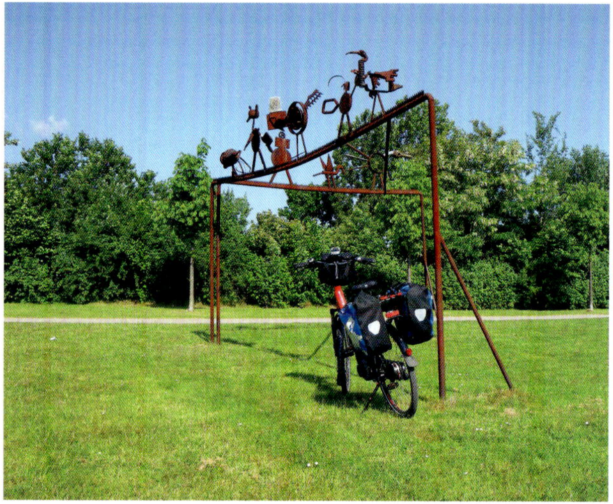

Auf dem Gelände der alten Zeche Consol

Wir starten am Hauptbahnhof von Gelsenkirchen und begeben uns zum Hauptausgang auf den Bahnhofsvorplatz. Wir überqueren die Hiberniastraße und rollen auf die Weberstraße zu und folgen den roten Pfeilen. Auf dieser Straße fahren wir ein Stück in die Stadt hinein. An der Elisabethstraße lenken wir unsere Räder nach rechts und radeln bis zu deren Ende. Wir kommen zu einem Park, dann geht es links auf der Kesselstraße weiter. Die etwas größere Florastraße müssen wir überqueren und landen dann im **Bulmker Park**. Die roten Wegweiser leiten uns links herum durch den Park, um auf die Hohenzollernstraße zu gelangen. Dieser folgen wir ein Stück auf dem Radweg bis zum Ende. Rechts geht es nun auf die Bismarckstraße und sofort hinter den Schienen auf den schmalen Radweg. Dieser Weg gehörte einst zur Trasse, die zur **Zeche Consolidation** führte. Der Name der Zeche wurde wohl ziemlich schnell in **Consol** gekürzt und auch heute ist dieser Name allgegenwärtig. 1848 wurden hier die Arbeiten aufgenommen und bis 1993 das Grubengold aus der Erde nach oben befördert. Heute wird das Gelände sowie die Gebäude und Fördertürme kulturell genutzt und die Außenanlagen mit Sport- und Kinderspielplätzen aufgewertet. Auf diesem Gelände befindet sich auch das **Consol Theater**, das sich insbesondere an jüngere Zuschauer richtet. Wir rollen auf der Trasse über die Brücken weiter in Richtung Norden, überqueren die A 42 und stehen schnell am Ende der Ausbaustrecke. Es war damals nur ein Stück Schiene nötig, um an den Hafen beziehungsweise das nächste Bergwerk zu gelangen. An der Grimbergstraße überqueren wir die Ampelanlage und lenken links und dann sofort rechts bergab. Unten angekommen ordnen wir uns links ein und rollen die paar Meter auf der Erzbahntrasse bis zum Rhein-Herne-Kanal. Wir überqueren die Brücke **Grimberger Sichel** und rollen auf der gegenüberliegenden Seite geradeaus weiter, halten uns leicht links und fahren zur Willy-Brandt-Allee hinauf. Über die Ampel hinweg geht

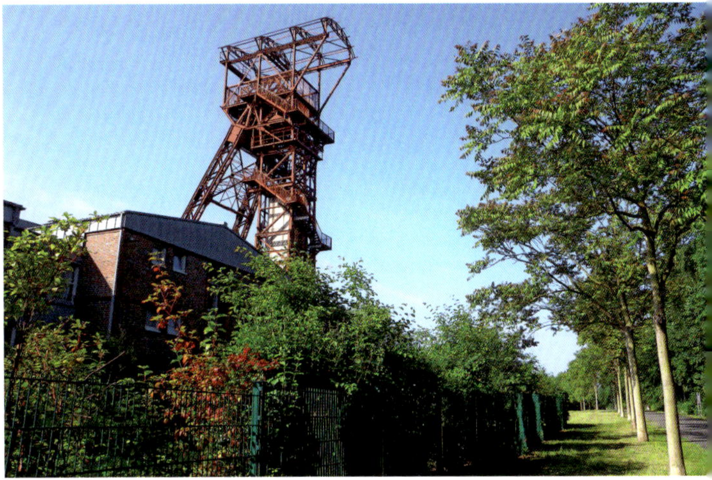

Zeche Zollverein, Schacht 3, 7, 10

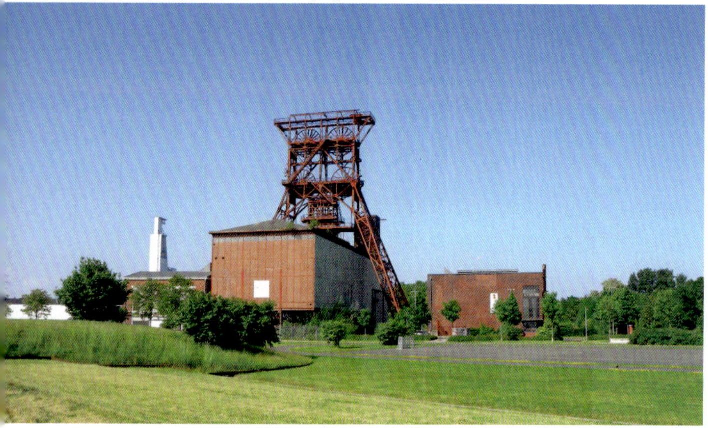

es bis zur Brücke über die Emscher. Wir überqueren den kleinen Fluss und fahren auf dem Weg bis zum Ende weiter. Links radeln wir weiter auf dem Emscherradweg in Richtung Nordsternpark. Weiter geht es bis zum Ende des Wegs und dann auf dem Radweg links bis zur Ampel. Rechts überqueren wir die Münster Straße und nochmals die Straße an der Ampel links, um auf der gegenüberliegenden Seite auf dem Radweg ein kleines Stück weiterzufahren. Direkt links ordnen wir uns ein, radeln zur Emscher zurück und dort weiter geradeaus. Wir folgen dem Weg bis zum Ende und überqueren dabei die Adenauerallee. An der Straße Sutumer Brücken müssen wir links fahren und danach geht es weiter geradeaus. Wir halten uns leicht rechts und an der Kleingartenanlage vorbei radeln wir bis zur Schleuse. Diese müssen wir überqueren und fahren dabei immer leicht rechts bis zum **Rhein-Herne-Kanal**, dem wir dann ein Stück folgen. Wir treffen auf den **Nordsternpark** und halten Ausschau nach den Schildern zur **Zeche Nordstern**, die sich auf der anderen Seite des Kanals befindet. Ein großes Gelände mit einer langen Geschichte liegt vor uns: Im Jahre 1857 begann man hier mit der Erschließung und dem Abteufen des ersten Schachtes. Der Name ist abgeleitet von dem damals nördlichsten Bergwerk im Revier und die Zeche wurde daher mit dem klangvollen Namen Nordstern bezeichnet. Bis in das Jahr 1993 hinein wurden hier die Grubenfahrten unternommen. Dann kam das Aus und der Strukturwandel nahm seinen Lauf. Schon vier Jahre später öffneten die Pforten zur Bundesgartenschau und mit ihr begann eine sagenhafte Entwicklung. Allerlei Attraktionen bieten heute zahlreiche Möglichkeiten zur Freizeitgestaltung. Neben dem Garten mit Spielplätzen für die Kleinen, dem Amphitheater für die Großen, Klettertürmen und der Modelleisenbahnanlage gibt es hier fast nichts, was es nicht gibt. Hier könnte man den ganzen Tag verbringen. Wir radeln über die Doppelbogenbrücke – das Wahrzeichen des Parks –, am Amphitheater vorbei, weiter über die Brücke der Emscher und fahren so-

Zeche Consolidation, Schacht 9

fort links weiter. Die folgende Brücke passieren wir und lassen auch die nächste links liegen. Bei der dritten Brücke überqueren wir die Emscher und den Rhein-Herne-Kanal und treffen auf die **Nordsterntrasse**. Wer noch einen **Blick** von der **Schurenbachhalde** werfen möchte, lässt sich von den roten Wegweisern auf den Gipfel leiten. Anfangs hat man Asphalt und später groben Schotter unter den Rädern. Also: Nur wer mit breiten Reifen unterwegs ist und eine gute Kondition hat, sollte hinauffahren. Die Halde gehört zu den „Großen“ im Ruhrgebiet. Mit ihren 88 Metern Höhe ist sie zwar nicht die höchste, aber mit knapp 1000 Metern Länge und 500 Metern Breite ist diese Halde enorm ausladend. Aufgehäuft wurde sie mit dem Abraum der Zechen Fritz Heinrich, Nordstern und Zollverein. Obenauf steht als weithin sichtbare Landmarke die Skulptur „Bramme für das Ruhrgebiet“, entworfen vom amerikanischen Bildhauer Richard Serra.

Wir begeben uns auf die Trasse und fahren Richtung Zollverein. Die Trasse wurde angelegt, um den Abraum der Zeche Zollverein zur Halde Schurenbach zu transportieren. Heute fahren wir darauf und genießen die Fahrt. Vorbei an alten Bergmannssiedlungen, die links und rechts von uns auftauchen, radeln wir in leicht süd-östliche Richtung. Wir kreuzen den ehemaligen Schacht 11 der **Zeche Zollverein**, heute bekannt unter dem Namen Triple Z, „ZukunftsZentrumZollverein“. Es handelt sich um eine kleine Ansammlung von mittelständischen Unternehmen, die sich die Räumlichkeiten der damaligen Zeche zunutze macht. Bald liegt links von uns der **Revierpark Nienhausen**, der zum Entspannen einlädt. Wir rollen weiter auf dem Trassenweg, unterqueren auf der langen Geraden einige Brücken und treffen auf den Zollvereinsweg zur Zeche Zollverein 12. Mit wenigen Tritten sind wir auch schon auf dem großen Gelände des Welterbes angekommen und können das riesige Areal per Rad oder auch teils zu Fuß erkunden. Die Anfänge der Zeche liegen um das Jahr 1834. Franz Haniel ließ in diesem Gebiet nach Kohle suchen und fand auch das schwarze Gold. So wurden im Laufe der kommenden Jahre bezie-

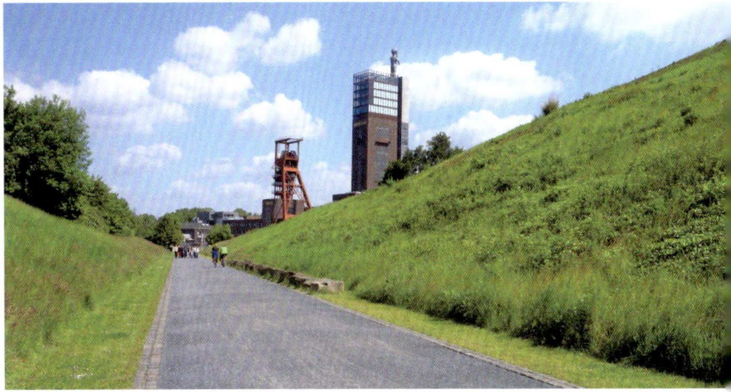

Zufahrt zum Nordsternpark

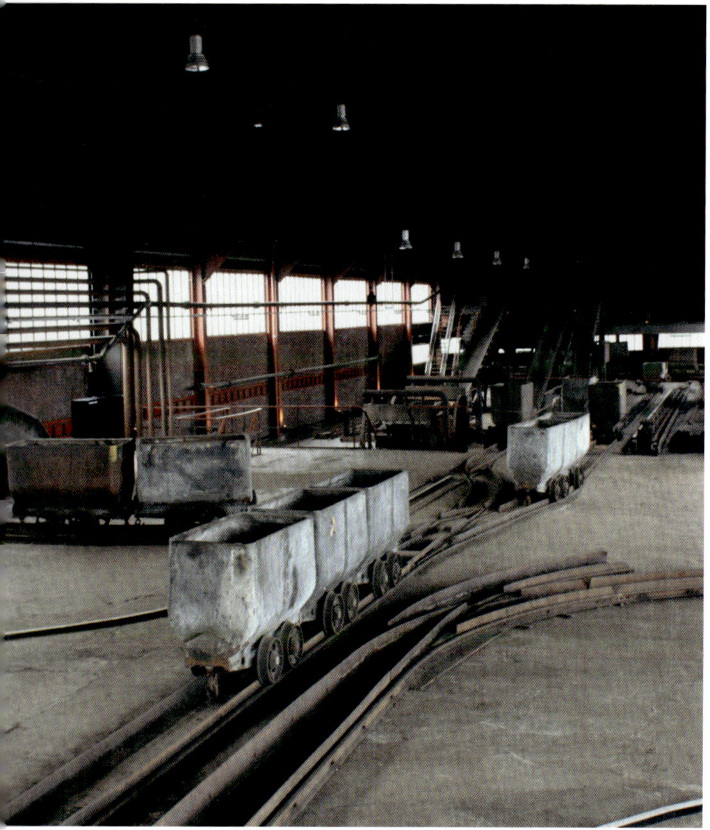

Kohlenwagen in der Zeche Zollverein, Schacht 12

hungsweise Jahrzehnte zwölf Schächte abgeteuft und das Imperium Zollverein gegründet. Hier gibt es so viel zu sehen und zu entdecken, dass man etwas Zeit einplanen sollte. Auf dem Gelände gibt es auch interessante Museen, die allein schon einen Besuch wert sind. Das **Ruhr Museum**, das in der alten Kohlenwäsche untergebracht ist, beleuchtet in der Dauerausstellung die Kultur- und Naturgeschichte des Ruhrgebiets. Die weltweit größte Ausstellung von Designobjekten zeigt hingegen das **Red Dot Design Museum**. Die benachbarte **Kokerei** ist ebenfalls sehr sehenswert und mit rund 1000 Meter Länge von imposanter Größe. Wer möchte, fährt einmal um das Gelände herum. Die roten Wegweiser zeigen die Richtung an. Nach einem Besuch fahren wir zurück zur Trasse und radeln in Richtung **Zollverein Schacht 3/7/10**. Achtung: Um zur Trasse der Schachtanlage zu gelangen, bitte rechts abbiegen und die roten Schilder beachten, sonst landet man wieder auf der Nordsterntrasse. Schon nach wenigen Metern sehen wir rechts den Förderturm des Schachts. Direkt auf dem Gelände befindet sich auch das **Phänomania Erfahrungsfeld**, eine Mitmachausstellung für Kinder und Junggebliebene. Von 1882 bis 1986 war die Schachtanlage in Betrieb, heute beherbergt das Gelände unter anderem einen Handwerkerpark. Wir rollen auf der Trasse bergab und fahren in südlicher Richtung weiter. Durch viel Grün radeln wir bis zu einer Ecke, an der wir scharf rechts abbiegen. Hier müssen wir auf die Schilder achten: Richtung Halde Rheinelbe geht es weiter. Wir folgen der Trasse, links von uns erstreckt sich der **Landschaftspark Mechtenberg**. Als urzeitliche und einzige Erhebung im Emschergebiet ist der Mechtenberg zu einem Naturpark für die Bevölkerung umgestaltet worden. Bald erhebt sich rechts die **Halde Rheinelbe**, die befahren werden kann. Mit ihren circa 100 Metern ü. N.N. ist sie eine der höchsten und ältesten Halden im Ruhrgebiet. Schon um 1870 wurde hier der Abraum der gleichnamigen Zeche gesammelt. Heute mit der Himmelstreppe und einem Skulpturenwald des Künstlers Herman Prigann ausgestattet, erfreut sich der „Berg" großer Beliebtheit. Wir radeln noch ein Stück weiter und überqueren die Bochumer Straße. Geradeaus auf der Trasse fahren wir bis zur Ückendorfer Straße und überqueren diese vorsichtig. Wir radeln an einigen Industriegebäuden vorbei, passieren eine Brücke über die Bergmannstraße und achten auf den kommenden Abzweig. Leider ohne Wegweiser ausgestattet, biegt links die Trasse zum Bahnhof nach Gelsenkirchen ab, der wir folgen. Im großen Linksbogen führt die ehemalige Bahnstrecke in nord-westliche Richtung weiter. Die Strecke ist nicht ganz fertiggestellt worden und endet abrupt an einer Treppe, die zur Ückendorfer Straße hinabführt. Kurz vor dem Ende erkennen wir links einen kleinen, schmalen Trampelpfad, der in das nahe gelegene Industriegebiet führt. Wir schieben unser Rad zwei, drei Meter auf dem Pfad hinauf und fahren um das Gelände zur Ückendorfer Straße hinunter. Rechts geht es auf dem Radweg unter der Bahn hindurch zum Kreisverkehr. Zur Rechten stehen die Reste des Schalker Vereins (Seite 42) mit Kohle- und Erzbunker. Wir fahren bei der dritten Ausfahrt in Richtung Gelsenkirchen Hauptbahnhof und lassen dort die Runde ausklingen.

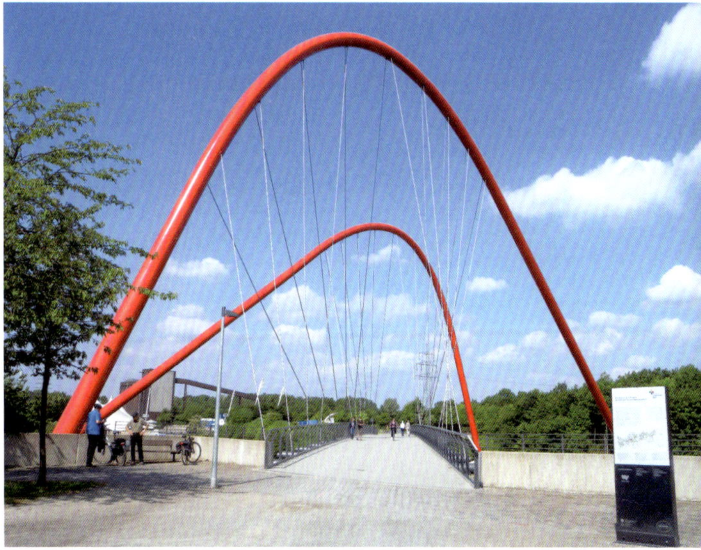

Die Doppelbogenbrücke zum Nordsternpark

Vom Hauptbahnhof die Hiberaistraße überqueren und zum Bahnhofsvorplatz fahren; **geradeaus↑** auf die Weberstraße radeln und leicht rechts-links versetzt weiterfahren; **geradeaus↑** weiter bis zur Elisabethstraße radeln; **rechts→** in die Elisabethstraße einbiegen und **geradeaus↑** bis zum Ende des Radwegs (rote Pfeile beachten); **geradeaus↑** auf die Straße Auf dem Bettau und Bronnerstraße fahren; am Ende **links←** auf die Kesselstraße; die Wanner Straße überqueren und **geradeaus↑** auf die Hohenstauffenallee radeln; die Florastraße überqueren und im Park **links←** weiterfahren (rote Pfeile beachten); durch den Park fahren und **halb rechts↗** weiter bis zur Elisenstraße; auf die Hohenzollernstraße lenken und auf dem Radweg weiter bis zur Bismarckstraße fahren; dort **rechts→** über die Bahnschienen und sofort dahinter **rechts→** auf die Trasse lenken; **geradeaus↑** bis zur **Zeche Consol** und auf der Trasse weiter bis zum Ende; die Grimberstraße überqueren und **links←** auf dem Radweg weiter; sofort **rechts→** hinunter auf die **Erzbahntrasse** und **links←** weiter; über die Brücke am Rhein-Herne-Kanal und geradeaus auf dem Emscherradweg; **halb links↖** zur Willy-Brandt-Allee und diese überqueren; weiter bis zur Emscher und **links←** über die Brücke; bei der nächsten Möglichkeit **links←** weiter und **geradeaus↑** bis zum Ende des Wegs; am Tierheim **links←** bis zur Ampel und **rechts→** die Straße überqueren; **links←** über die Ampel weiter und **halb rechts↗** auf dem Radweg; sofort **links←** auf den Emscherradweg in Richtung **Nordsternpark**; die Adenauerallee überqueren und **geradeaus↑** bis zum Ende des Wegs; unten **links←** auf Sutumer Brücken und die **Emscher** überqueren; **halb rechts↗** und um die Kleingartenanlage herum bis zur Schleuse; die Schleusenanlage überqueren, **rechts→** halten und nochmals **rechts→** zum Kanal fahren; bis zum Nordsternpark **geradeaus↑** radeln und leicht links hinauffahren; oben **rechts→** über die Brücke zur **Zeche Nordstern**; hinter der zweiten Brücke links auf den Emscherradweg lenken; an der dritten Brücke **links←** diese überqueren und **geradeaus↑** auf die **Nordsterntrasse** bis zur **Zeche Zollverein**; bei der Zeche Zollverein 12 ein Stück zurück und bald **rechts→** in Richtung **Zollverein 3/7/10** lenken und **geradeaus↑** weiter; auf der Trasse bis zur **Halde Rheinelbe** fahren; die Bochumer- und die Ückendorfer Straße überqueren und hinter der Brücke über die Bergmannstraße **links←** auf die Trasse wechseln; **geradeaus↑** bis zum Ende (Treppenabgang); kurz vorher **links←** den Pfad zur Straße benutzen und bei der Ückendorfer Straße **rechts→** zum Kreisverkehr fahren; bei der dritten Ausfahrt auf die Wildenbruchstraße lenken und bis zum Bahnhof fahren.

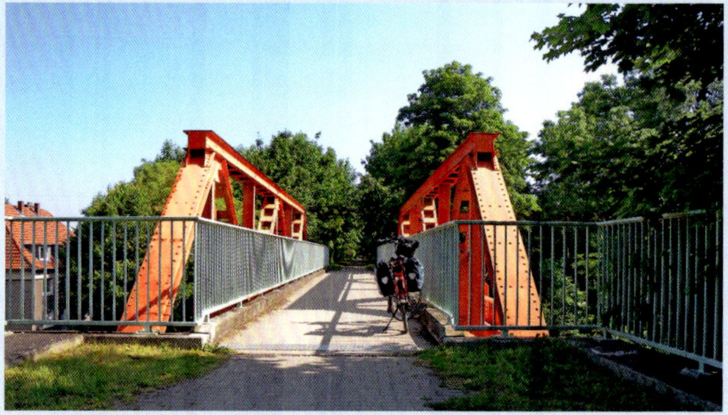

Bunte Brücken am Consolpark

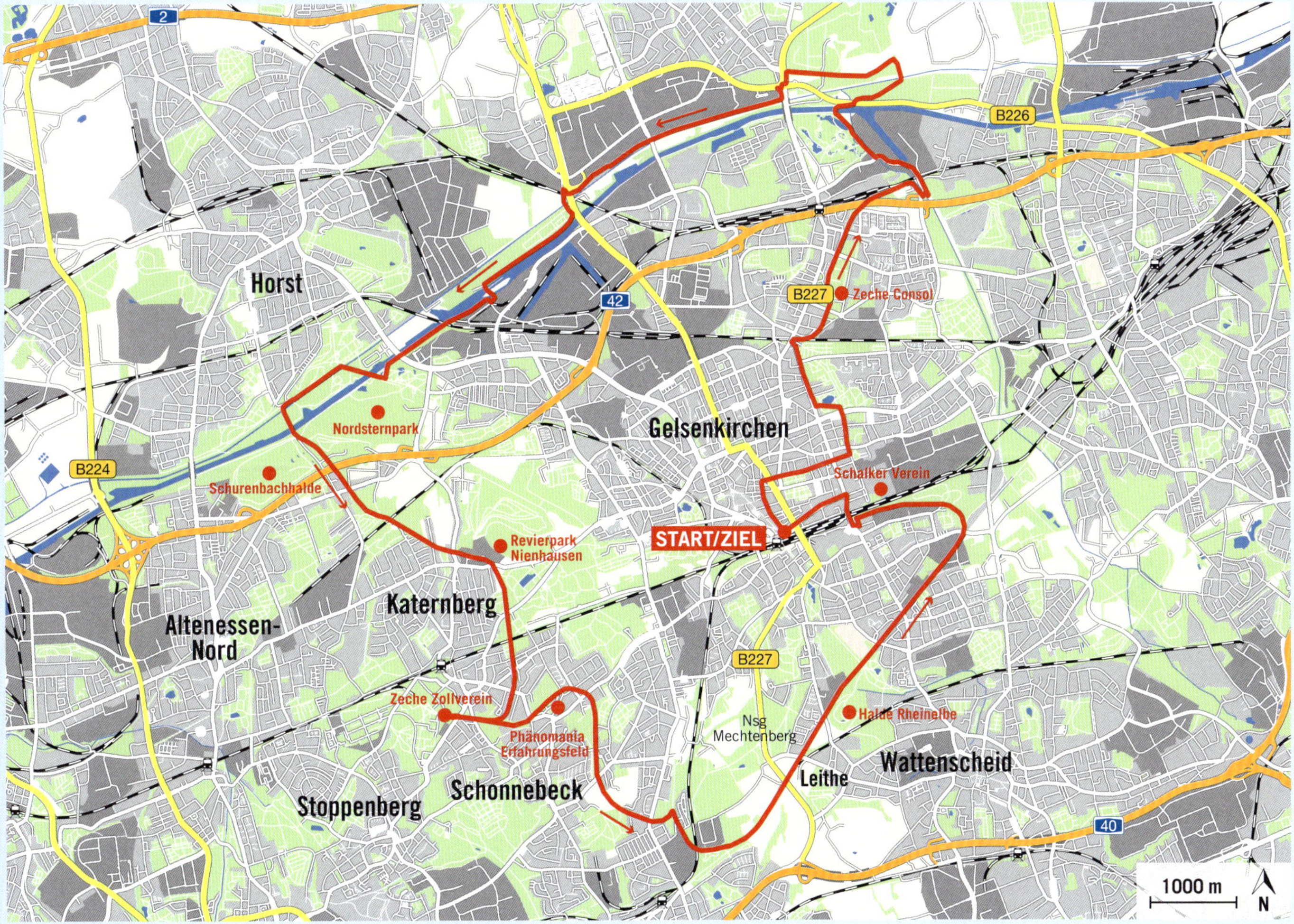

GPS-Daten zur Tour 5 abrufbar unter www.bachem.de

Tourismus-Informationen

Visit Essen – Tourist Info
Kettwiger Straße 2-10
45127 Essen
Tel- 0201/8 87 23 33
www.visitessen.de

Stadt- und Touristinfo
Hans-Sachs-Haus
Ebertstraße 11, 45875 Gelsenkirchen
Tel. 0209/1 69-39 68
www.gelsenkirchen.de

Museen und Sehenswürdigkeiten

Zeche Zollverein
Ruhrmuseum
Gelsenkirchener Straße 181
45309 Essen
Tel. 0201/24 68 14 44
www.ruhrmuseum.de

Red Dot Design Museum
Gelsenkirchener Straße 181
45309 Essen
Tel. 0201/3 01 04 60
www.red-dot-design-museum.de/essen

Phänomania Erfahrungsfeld
Am Handwerkerpark 8-10
45309 Essen
Tel. 0201/61 79 96 21
www.erfahrungsfeld.de

Einkehrmöglichkeiten

Heiner's
Am Bugapark 1d
45899 Gelsenkirchen
Tel. 0209/1 77 22 22
www.heiners.info

Café Restaurant Die Kokerei
Kokereiallee 71, 45141 Essen
Tel. 0201/8 30 12 98
www.cultural-service.de

Freizeiteinrichtungen

Nordsternpark
Am Bugapark 1
45899 Gelsenkirchen
Tel. 0209/9 51 60
www.nordsternpark.info

Consol Theater Gelsenkirchen
Bismarckstraße 240
45889 Gelsenkirchen
Tel. 0209/9 88 22 82
www.consoltheater.de

Revierpark Nienhausen
Feldmarkstraße 201
45883 Gelsenkirchen
Tel. 0209/9 41 31-0
www.revierpark-nienhausen.de

Fahrradservice

Radhaus Servicestation
Bulmkerstraße 149
45888 Gelsenkirchen
Tel. 0209/361 44 00
www.radhaus-servicestation.de

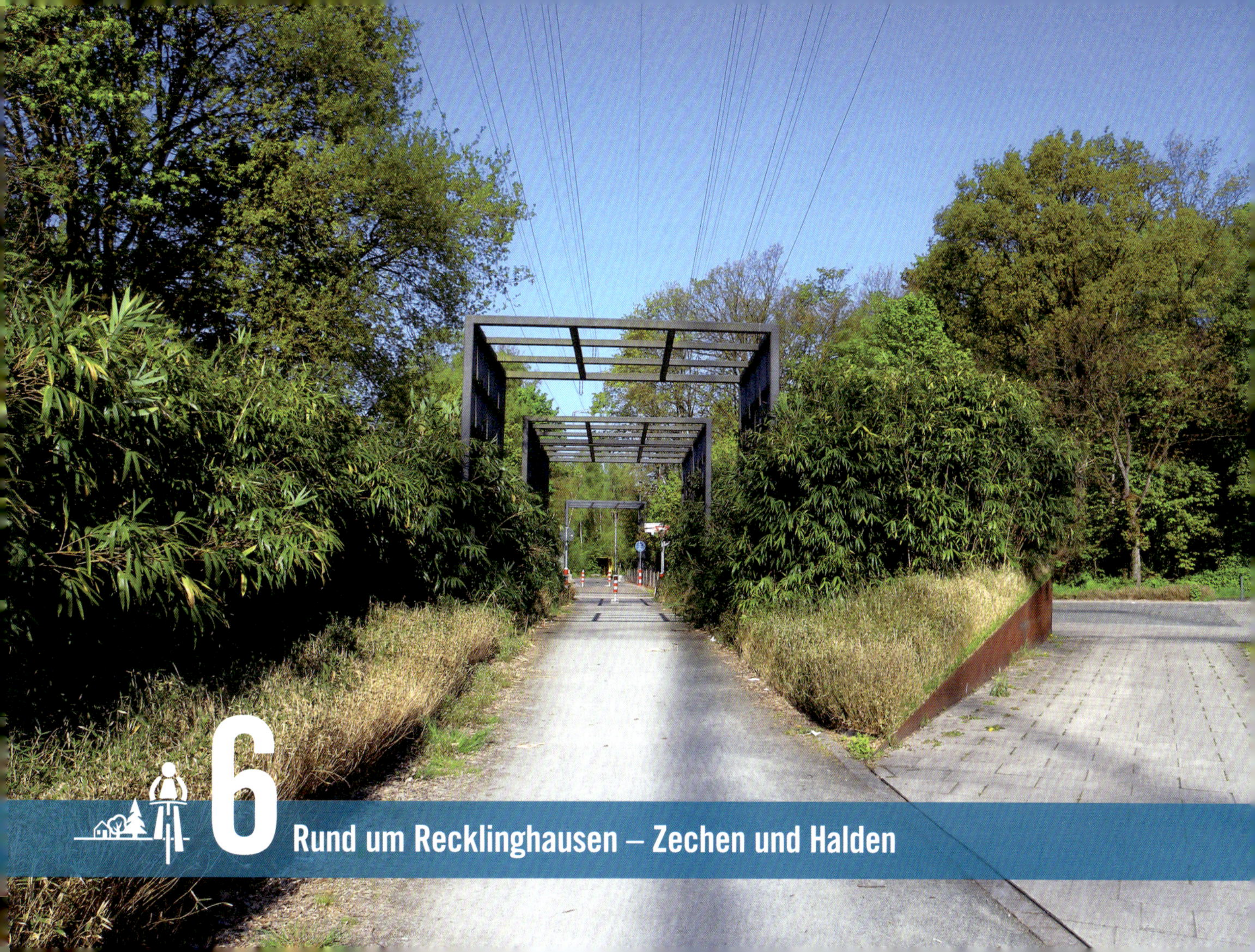

6 Rund um Recklinghausen – Zechen und Halden

6

AUF EINEN BLICK

Rund um Recklinghausen

Start: Bahnhof Recklinghausen-Süd

Anfahrt: (Bahn) mit den Linien RB 42 und S 2, (Pkw) A 43, Ausfahrt 13

Ziel: Recklinghausen-Süd

Sehenswürdigkeiten: Zeche Recklinghausen, Halde Hoheward, Zeche Ewald, Schievenfeld Siedlung, Schloss Westerholt, Zeche Schlägel und Eisen, Umspannwerk Recklinghausen

Einkehrmöglichkeiten: Restaurant Orchidee am Handweiser und Hof Wessels in Herten

Länge der Strecke: 38 km

Schwierigkeitsgrad: leicht

Wegbeschaffenheit: gute, asphaltierte Wege, teils Schotterwege

Beschilderung: NRW-Radverkehrsnetz

GPS-Daten zur Tour 6 abrufbar unter www.bachem.de

Vorherige Seite: Der Bahntrassenradweg zur Zeche Recklinghausen

Zechen und Halden

Es sind gleich mehrere alte Zechenbahnen, die wir auf dieser Tour unter die Räder nehmen. Kombiniert ergibt sich eine schöne Runde rund um Recklinghausen. Die Vielfalt der Trassen und Industriegebäude entlang der Strecke beeindruckt uns. Aus Alt mach Neu lautet das Motto, denn die Umgestaltungen der ehemaligen Industriestandorte geben der Landschaft ein komplett neues Gesicht. Lassen wir die Räder rollen im neuen Ruhrgebiet.

Wir starten am Bahnhof Recklinghausen-Süd, begeben uns links zur Straße und biegen an der Kreuzung links auf die Hochlarmarkstraße ab. Nach wenigen Tritten lenken wir unsere Räder an der nächsten Kreuzung rechts auf die Geschwister-Scholl-Straße und biegen an der August-Kaiser-

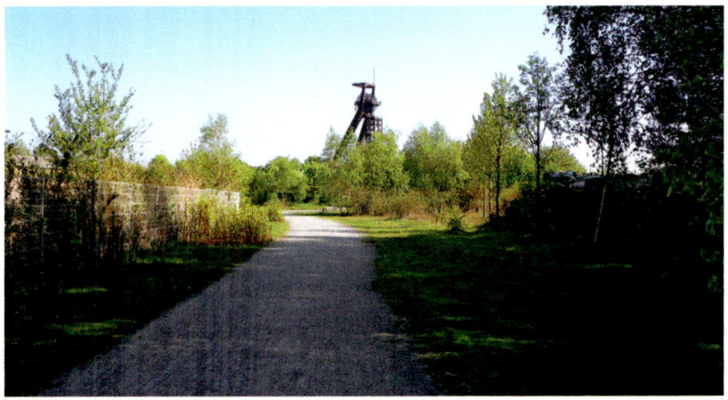

Zeche Recklinghausen

Straße links ein. Dieser Straße folgen wir, bis wir an der dritten Möglichkeit rechts in die Walter-Wenthe-Straße fahren. Am Ende der Straße geht es geradeaus auf den Radweg. Entlang der Emscher setzen wir unsere Fahrt fort. Dieser Fluss wird auch „Kanal des Ruhrgebiets" genannt. In früheren Jahren war die Emscher eine „stinkende Brühe", heute ist der Kanal weitestgehend bereinigt. Wir folgen den roten Pfeilen, radeln unter der Autobahn und der Bahn hindurch und fahren im leichten Rechtsbogen weiter. Bald überqueren wir die noch bestehende Gleisanlage und radeln gegenüber auf einem kurzen Stück entlang der Zechenbahn. Interessant gestaltete Stahlgerüste säumen den Weg. Nun müssen wir eine stark befahrene Straße überqueren und radeln auf dem gegenüberliegenden Weg weiter, bis wir auf die **Zeche Recklinghausen** treffen. Die Zeche wurde von der belgischen Firma „Societe Civile Belge des Charbonages d' Herne-Bochum" gegründet. Von 1901 bis 1974 war die Schachtanlage in Betrieb. Danach diente sie nicht mehr der Förderung von Kohle, sondern nur noch für Materialfahrten. Heute ist die Zechenbrache Teil des Emscher Landschaftspark. Einige Meter weiter sehen wir die Akrobaten auf den BMX-Rädern in dem **Bike- und Skatepark**, der sich heute auf dem Zechengelände befindet.

Bald erreichen wir die 2008 entstandene **Drachenbrücke**, eine Meisterleistung der Ingenieurskunst. Sie bietet Fußgängern und Radfahrern den Übergang zur Halde Hoheward. Unser Weg führt zwischen Drachenbrücke und Straße auf dem Radweg weiter, der bald an einer Straße endet. Auf der anderen Straßenseite können wir die Fahrt fortsetzen. Wenig später leitet uns die Strecke nach links und weiter geht es über die Theodor-Körner-Straße. An der kommenden Kreuzung müssen wir zweimal die Ampel überqueren, die roten Pfeile weisen uns den Weg. Wer jetzt schon etwas Hunger verspürt: Rechts befindet sich das **Restaurant Am Handweiser**. Links erreichen wir die circa 1250 Meter lange Auffahrt zur **Halde Hoheward**. Mit etwas Kondition oder mit einem

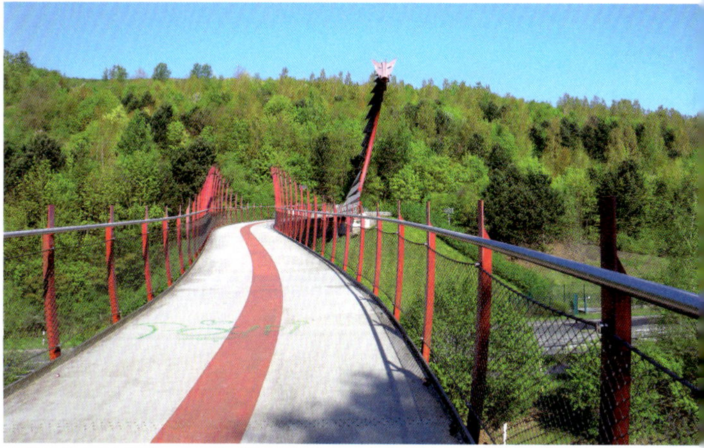

Die Drachenbrücke – Übergang zur Halde Hoheward

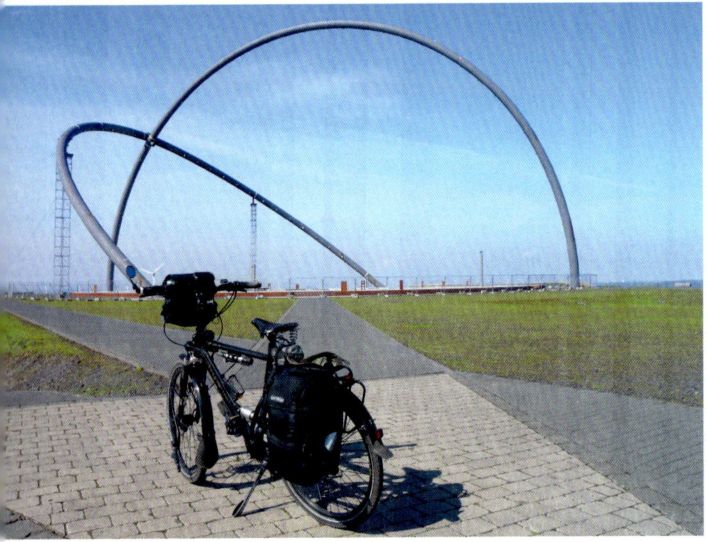

E-Bike schafft man es gut bis oben. Auf dem Gipfel ist die Aussicht überwältigend. Mit 152 Meter Höhe ist sie eine der höheren Halden im Ruhrgebiet. Der Abraum aus gleich mehreren Zechen, der Zeche Recklinghausen, der Zeche Ewald und der Zeche General Blumenthal liegt hier aufgeschüttet. Wir radeln zwischen der Halde links und der Straße Am Handweiser rechts auf dem Radweg weiter, bis wir am Tunnel stehen, der unter der Halde hindurchführt. Er gehörte früher zur Zechenbahn Hoheward-Westerholt. Den Tunnel im Rücken radeln wir nun einige hundert Meter weiter, dann führt uns die Strecke nach links. Wer die Tour hier abkürzen möchte, fährt geradeaus und kommt direkt in Hochlar aus. Dort kann die Runde fortgesetzt werden (siehe Seite 63). Auf schön geschwungenen Wegen führt unsere Tour weiter zur **Zeche Ewald**. Im Jahre 1872 wurde hier abgeteuft, das heißt: der erste Spatenstich gesetzt. Bis in das Jahr 2000 war die Zechenanlage in Betreib und die Kohlenzüge fuhren auf dem Gelände. Heute wird der Verlauf der Bahn durch einen Wasserlauf symbolisiert. Immer am Wasser entlang geht es nun weiter, dann biegt unser Weg nach etwas mehr als 600 Metern leicht links ab. An einem kleinen See vorbei radeln wir bis zu der Stelle, wo uns Schilder nach rechts leiten. Die Bahntrasse führte früher weiter geradeaus. Wir halten uns jedoch rechts und unten an der Straße fahren wir wieder rechts. Um auf die ehemalige Trasse der Zechenbahn Ewald zu gelangen, folgen wir den roten Pfeilen, die uns auf den Weg leiten, der zunächst nach rechts, dann nach links führt. Mitten durch den Wald fuhr früher die Bahn. Im Ortsteil Resse stand einst die Zeche, heute ist dort allerdings nichts mehr zu sehen. Und so endet unsere Fahrt auf dem Trassenweg auch mitten im Wald, da die Strecke wegen der Autobahn unterbrochen ist. Wir biegen nun links über eine Brücke in den Waldweg ab. Eine

Auf der Halde Hoheward beim Horizontobservatorium

Straße müssen wir überqueren und am zweiten Weg biegen wir wiederum links ab und fahren bis zur vielbefahrenen Münsterstraße. Wir überqueren diese vorsichtig und radeln am Kleingartengelände vorbei in Richtung Halde. Der Weg wird bald vom Holzbach begleitet. Rechts entstand vor einigen Jahren ein Feuchtbiotop, das tausende Insekten anlockt. Wenige hundert Meter weiter geht es für ein kurzes Stück steil bergan und wir stehen wiederum auf einer Trasse. Hier fuhren die Züge zwischen den einzelnen Zechen der großen Zechenanlage Graf Bismarck. Ein kurzes Stück der Trasse ist übriggeblieben, das wir befahren können. Wir radeln bis zu deren Ende und fahren dann nach links. An der Ampel wenden wir uns nach rechts und überqueren die Straße. Neben der Willy-Brandt-Straße geht es bis zur Karlstraße und dort biegen wir rechts ein. Am Ende der Karlstraße überqueren wir die Weststraße und radeln auf der alten Trasse der Bismarckbahn weiter. Wir überqueren dabei die Darler Heide und die Heistraße. Relikte, die noch etwas Eisenbahnromantik versprühen sind leider nicht mehr vorhanden. An der Cranger Straße, leicht zu erkennen an den Straßenbahnschienen, wenden wir uns nach links und fahren auf dem Radweg weiter. Nachdem wir die A 2 überquert haben, radeln wir noch bis zur Kreuzung und biegen dort rechts auf die Middelicher Straße ein. Wenige hundert Meter weiter geht es links in die Schievenstraße hinein. Bei der nächsten

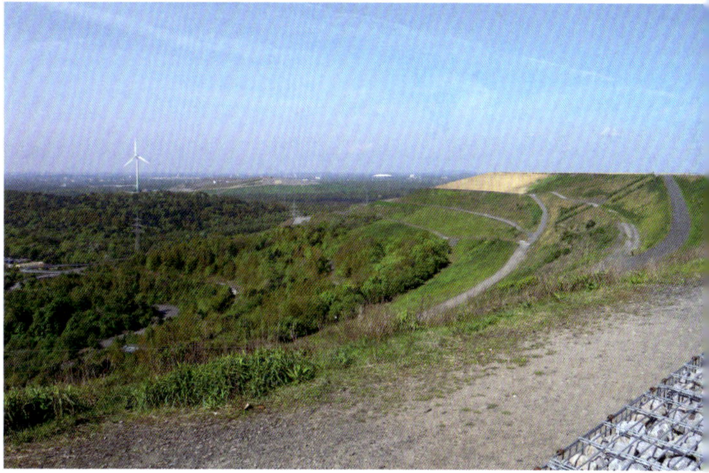

Möglichkeit halten wir uns rechts und fahren in die Alleestraße. Hier beginnt die sehenswerte **Siedlung Schievenfeld**. Zwischen 1912 und 1914 entstand diese Gartenstadtsiedlung für die Kumpel der Schachtanlage Bismarck. Beeindruckend ist auch das große Torhaus, das den Eingang zur Siedlung bildet. Wir radeln weiter durch die Siedlung und biegen an der zweiten Möglichkeit in den Wetterweg ein. Unser Weg beschreibt einen leichten Rechtsbogen und am Ende biegen wir auf den Weg zwischen Bäumen und Feld ein. Wir rollen auf dem schmalen Weg Richtung Ort-

Blick von der Halde ins Ruhrgebiet

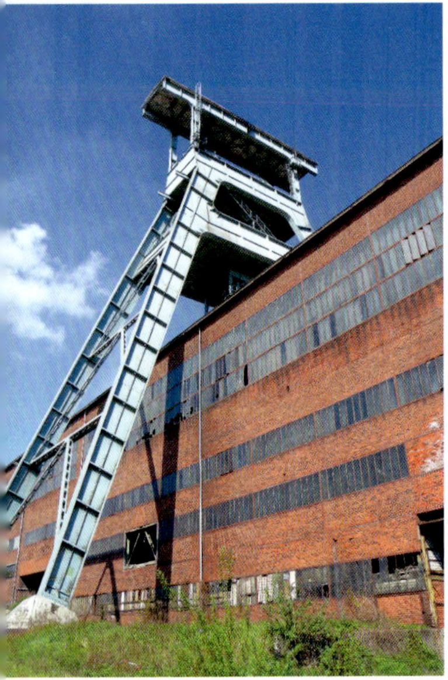

beckstraße und biegen dann links auf die Brauckstraße ein. Leicht bergan fahren wir bis zur Ressestraße, halten uns rechts und bei der nächsten Möglichkeit geht es links in die Bergackerstraße. Wir radeln nun bis zur größeren Landstraße, überqueren mit Hilfe der Ampel die Straße und rollen auf die Buerer Straße. Vorsicht! „Fliegende Golfbälle" werden uns per Schild signalisiert. Wir befinden uns mitten im Golfplatzgelände von **Schloss Westerholt**. Bereits um Mitte des 14. Jahrhundert wurde hier eine wehrhafte Burganlage erwähnt. Im Laufe der Jahrhunderte wurde die Anlage erweitert und umgebaut. Heute beherbergt das vornehme Schloss ein Hotel mit dazugehörigem Restaurant. Ein großer Teil des einstigen Schlossparks wurde zu einer 18-Loch-Golfanlage umgestaltet. Etwas weiter auf der Straße sehen wir links das alte Dorf von Westerholt. Zahlreiche historische Fachwerkhäuser zieren noch heute die Straßen. Wir wenden uns leicht rechts bis zur Kreuzung und überqueren an der Ampel die Bochumer Straße. Auf der Hertener Straße fahren wir bis zur nächsten Straße und biegen vorsichtig links in die Obringstraße ein. Wir kreuzen die Breite Straße und biegen am Ende der Obringstraße rechts auf die Langenbochumer Straße ab. Die bestehende Bahntrasse für den Güterverkehr müssen wir noch überqueren, dann beginnt direkt hinter den nicht zu übersehenden grünen Gasleitungen die Zechenbahntrasse „Allee des Wandels". Dieser Weg ist auch unter dem Namen „Projekt Radweg Zechenbahn" bekannt. Dieser Radweg ist erst kürzlich fertiggestellt worden und wir freuen uns, die Trasse unter die Räder nehmen zu dürfen. Wir werden auf vielen Kilometern von den grünen Gasleitungen neben dem Weg begleitet. Aber keine Angst, diese sind stillgelegt. Hier wurden früher die Gase aus den Kokereien zu den einzelnen Hüttenwerken transportiert. Wir radeln nun am nördlichen Rand des Ruhrgebiets auf die nächste Attraktion, die **Zechen Schlägel und Eisen**, zu. Ganz gemächlich schrauben wir uns in die Höhe. Nach einigen hundert Metern erreichen wir den neu gestalteten Platz der ehemaligen Zechenanlage. Dort soll ein Stadtteilpark mit Kultureinrichtungen, Gastronomie sowie Dienstleistungsbetriebe für den Radtourismus entstehen. Ein Naherholungspark mit Spielplätzen ist ebenfalls geplant. (Falls es hier wider Erwarten zu Sperrungen kommen

Zeche Ewald

sollte, achten Sie bitte auf die Umleitung in der Streckenbeschreibung). Wir radeln weiter und treffen nach der Überquerung der Feldstraße wieder auf den gut ausgebauten Radweg. Ganz entspannt fahren wir jetzt über viele Kilometer auf der Trasse Richtung Recklinghausen. Wir müssen höchstens einmal eine Straße überqueren, sonst ist hier Bahntrassen-Feeling pur angesagt. Nach einigen Kilometern treffen wir in Recklinghausen-Hochlar auf den neuen Abzweig zur Halde Hoheward. Hier besteht die Möglichkeit, den Weg zur Halde abzukürzen (siehe Seite 60). Wir jedoch fahren weiter geradeaus, unterqueren die A 43 und treffen bald an das Ende der ausgebauten Strecke. Wir orientieren uns an den roten Wegweisern Richtung Recklinghausen-Süd und fahren rechts weiter, immer auf dem Radweg neben der L 551. Etwa fünf Kilometer sind es bis zum Umspannwerk. Falls wir noch das interessante **Museum Strom und Leben** besuchen möchten, das uns in die Welt der Elektrizität entführt, biegen wir vor dem **Umspannwerk** links in die Uferstraße ein. Wenn wir direkt zum Bahnhof möchten, dann biegen wir gegenüber vom Umspannwerk rechts in die Dunantstraße ein und an deren Ende geht es leicht links versetzt auf der August-Kaiser-Straße weiter. Diese befahren wir bis zum Ende, dann geht es rechts und an der nächsten Kreuzung links auf die Hochlarmarkstraße. Nach wenigen Metern treffen wir rechts auf den Bahnhof.

Vom Bahnhof her kommend **links←** auf die Hochlarmarkstraße; **rechts→** auf Geschwister-Scholl-Straße lenken; an der zweiten Straße **links←** auf August-Kaiser-Straße fahren; am Ende **rechts→** auf Walter-Wenthe-Straße und an deren Ende **geradeaus↑** auf den Radweg; dem Weg folgen bis zum Bahnübergang; diesen überqueren und auf der alten Bahntrasse **geradeaus↑** weiter bis zur Wanner Straße; diese vorsichtig überqueren und **geradeaus↑** weiter bis zur **Zeche Recklinghausen**; leicht **links←** halten, am **Bike- und Skatepark** vorbei; **links←** neben der Drachenbrücke auf dem Radweg weiter; an der Karlstraße **links←** auf dem Radweg weiter; Theodor-Körner-Straße überqueren; an der großen Kreuzung zuerst die Salentinstraße und im Anschluss die Cranger Straße überqueren (Ampel); hier gibt es die Möglichkeit, auf die Halde zu fahren; zwischen Halde und Gaststätte weiter auf dem Radweg; am Ende Links-

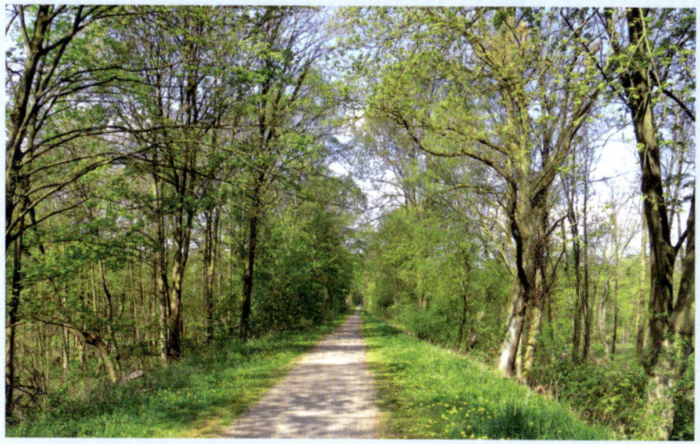

Auf der Trasse zur Zeche Ewald

rechts-Kurve; **rechts**→ auf der Trasse weiter; an der kommenden Kreuzung **links**← zur Zeche Ewald; **Abkürzung:** **geradeaus**↑ geht es nach **Recklinghausen-Hochlar**.

Bis zum Parkplatz und auf die Marie-Curie-Straße fahren; die Albert-Einstein-Allee überqueren und auf den Radweg radeln; nächster Weg **links**← (Blaues Band= Wassergraben) und **geradeaus**↑ bis zum See; **halb links**↖ weiter und hinter dem See **rechts**→ hinunter zur Straße; **rechts**→ halten und im Wald **geradeaus**↑ und bald **halb rechts**↗ bergauf; links auf die Trasse lenken und **geradeaus**↑ bis zur kleinen Brücke; **links**← über diese hinüber und die Ewaldstraße kreuzen; hinter dem Parkplatz die zweite Möglichkeit **links**← und bis zur Münsterstraße fahren; am Kleingartengelände vorbei und bis zum Ende **geradeaus**↑; im Rechtsbogen weiter und bald leicht bergan und **rechts**→ zur Trasse; bis zum Ende durchfahren und **links**← auf den Radweg schwenken; an der Ampel **rechts**→ die Münsterstraße überqueren und auf Willy-Brandt-Allee weiter (Radweg); **rechts**→ auf die Karlstraße fahren und auf dem Radweg weiter; die Weststraße überqueren und auf die Trasse radeln; diese bis zur Cranger Straße (Straßenbahnschienen) folgen und dann links weiter; die A 2 überqueren und dahinter an der Kreuzung **rechts**→ auf die Middelicher Straße einlenken; bei der zweiten Möglichkeit **links**← in die Schievenstraße einbiegen; nächste **rechts**→ in die Alleestraße fahren und an der zweiten Straße **links**← in Wetterweg; **rechts**→ halten und bis zum Ende durchfahren; am Ende **links**← auf den Weg am Waldrand weiter; **geradeaus**↑ auf Ortbeckstraße und an der Kurve **links**← halten auf Brauckstraße; bergauf bis zur Kreuzung und **rechts**→ weiter; nächste Straße **links**← in Bergackerstraße radeln und **geradeaus**↑ bis zur Westerholter Straße (Fußgängerampel) überqueren; auf der Buererstraße in den Ort fahren; **halb rechts**↗ halten und bis zur Ampel; **geradeaus**↑ auf Hertenerstraße und nächste **links**← in Obringstraße fahren; bis zum Ende durchfahren und **rechts**→ auf die Langenbochumer Straße; Schienen überqueren und **rechts**→ auf die Trasse steuern; **geradeaus**↑ bis Hof Wessels (linke Seite); **Umleitung:** hier am Weg **rechts**→ und bis zur Schlägel-und-Eisen-Straße fahren; **links**← weiter bis Kreisverkehr; **geradeaus**↑ weiter bis Feldstraße und **rechts**→ weiter; vor der nächsten Kreuzung **links**← auf die Trasse zurück.

Auf der Trasse weiter bis zum Geländer der **Zeche Schlägel und Eisen** fahren; Feldstraße überqueren und weiter **geradeaus**↑ bis zur Abzweigung nach Halde Hoheward; **Abkürzung zur Zeche Hoheward:** rechts.

Geradeaus↑ weiter bis zum Ende der Trasse; **rechts**→ auf dem Radweg weiter; hinter der Unterführung **rechts**→ nach Recklinghausen-Süd weiter; bis zum **Umspannwerk Recklinghausen** immer **geradeaus**↑; dort **rechts**→ in die Dunantstraße und bald leicht **links**↖ **versetzt** auf der August-Kaiser-Straße weiter; nächste **links**← auf Geschwister-Scholl-Straße; nächste **links**← auf Hochlarmarkstraße; **rechts**→ zum Bahnhof Recklinghausen-Süd.

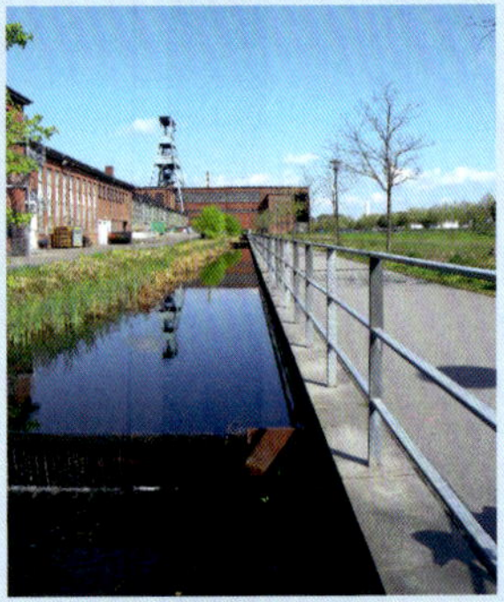

Auf der Ewaldpromenade

6

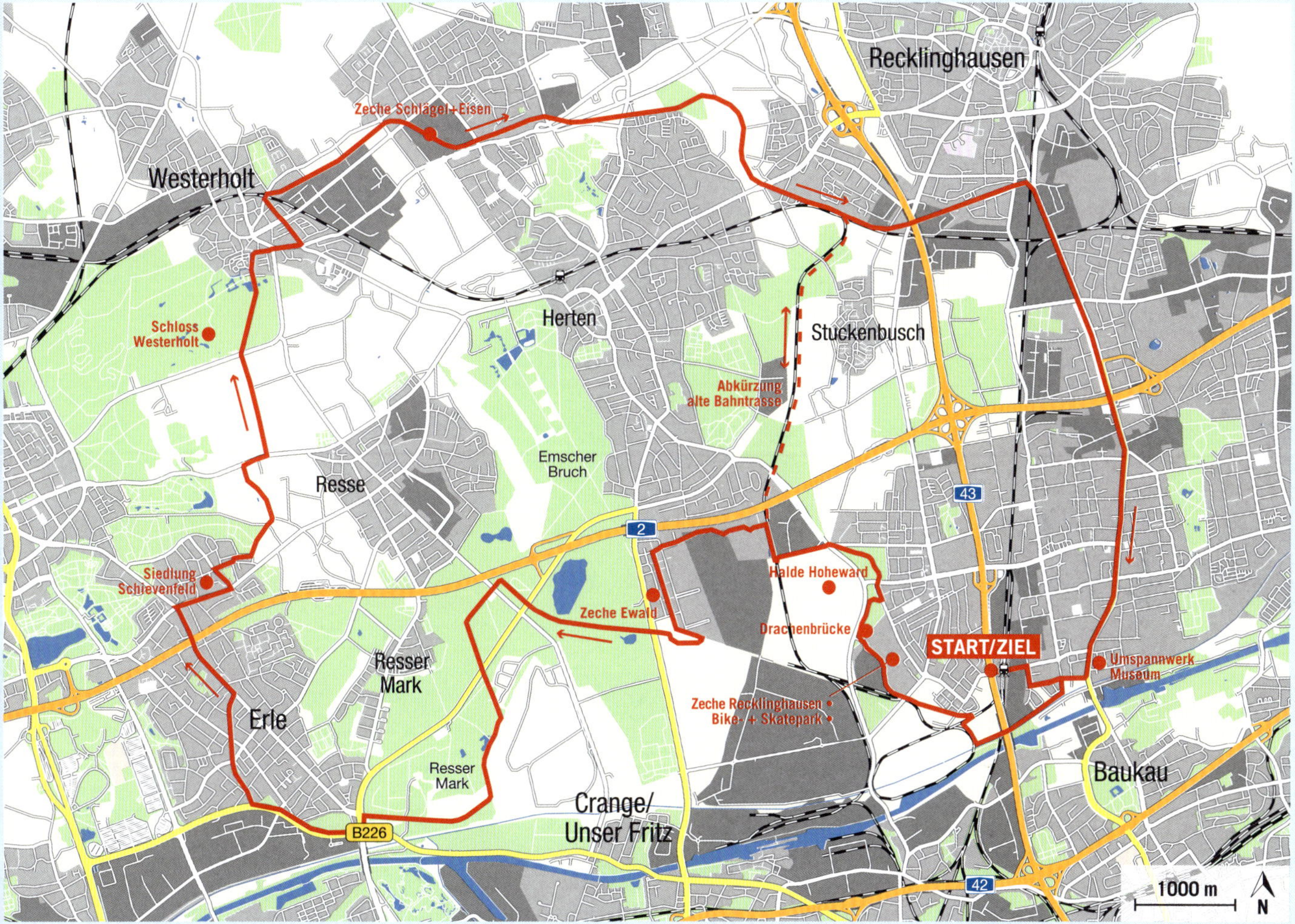

GPS-Daten zur Tour 6 abrufbar unter www.bachem.de

Tourismus-Informationen

Bürgerbüro im Stadthaus
Touristinformation
Rathausplatz 3/4
45657 Recklinghausen
Tel. 02361/50 12 28
www.recklinghausen.de

Museen und Sehenswürdigkeiten

Umspannwerk Recklinghausen
Museum Strom und Leben
Uferstraße 2–4
45663 Recklinghausen
Tel. 02361/9 84 22 16
www.umspannwerk-recklinghausen.de

Einkehrmöglichkeiten

Orchidee am Handweiser
Am Handweiser 198
45699 Herten
Tel. 0179/9 73 99 63
orchideeamhandweiser.eatbu.com

Hof Wessels
Langenbochumer Straße 341
45701 Herten
Tel. 02366/88 72 77
www.hofwessels.de

Freizeiteinrichtungen

Bike- und Skatepark Recklinghausen
Im Emscherbruch 150
45661 Recklinghausen
Info-Tel. 02361/50 12 28

Fahrradservice

Radsport Hiltrop
Kaiserwall 14
45657 Recklinghausen
Tel. 02361/2 34 06

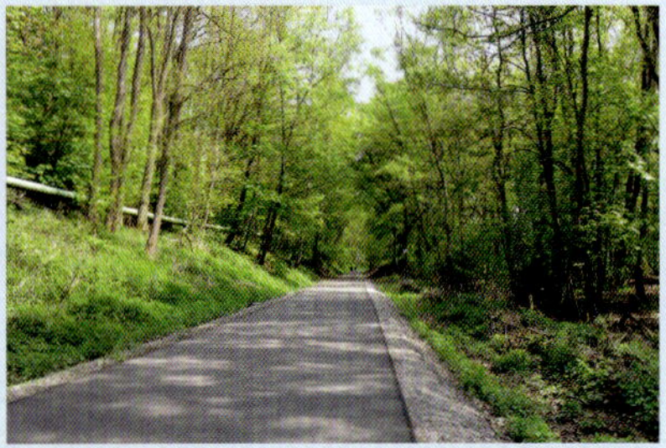

Allee des Wandels

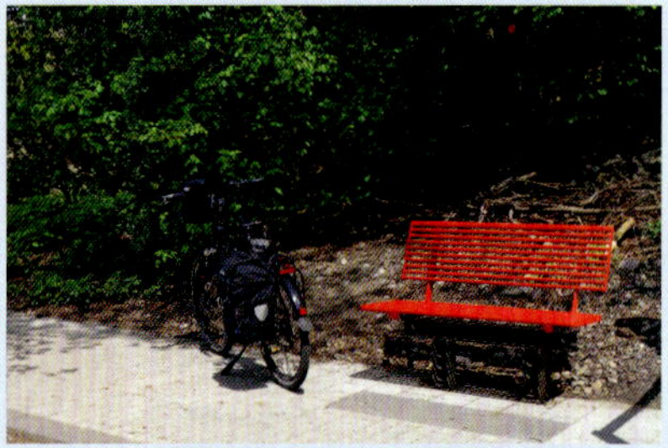

Raststation am Radweg

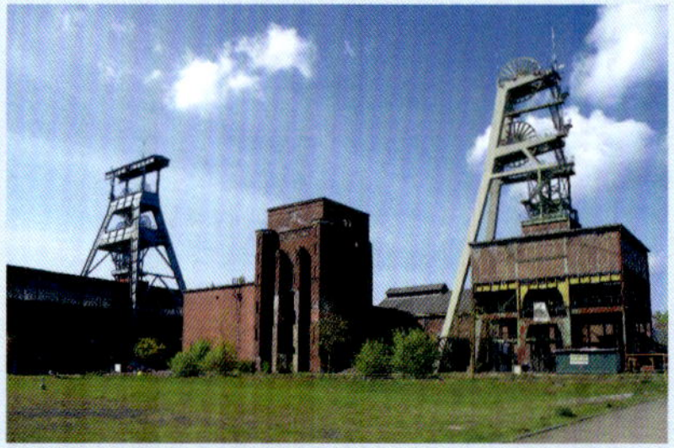

Ensemble Zeche Ewald

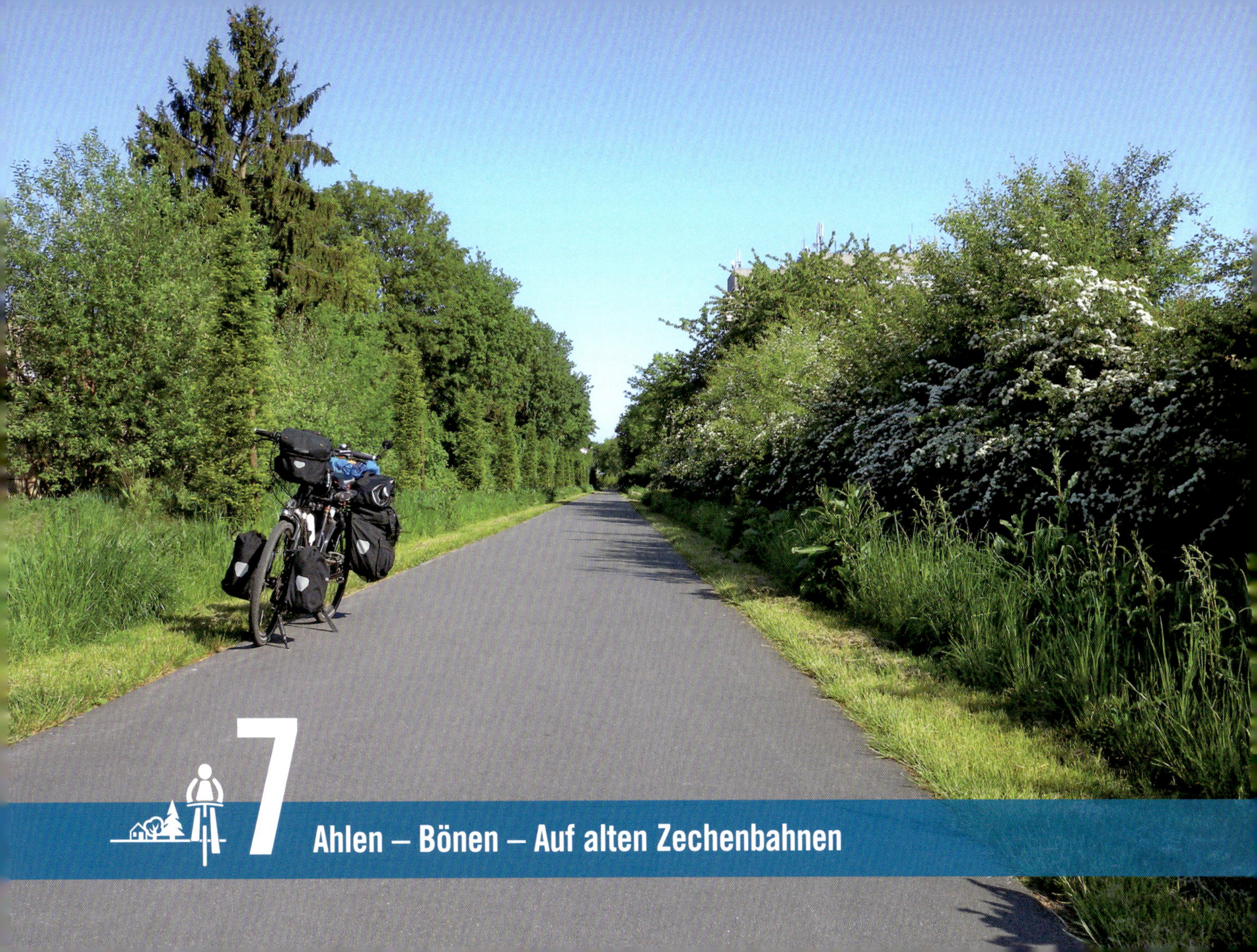

7 Ahlen – Bönen – Auf alten Zechenbahnen

7 Ahlen – Bönen

Auf alten Zechenbahnen

AUF EINEN BLICK

Start: Bahnhof Ahlen (Westfalen)

Anfahrt: (Bahn) mit den Linien RE 6 und RB 69, (Pkw) A 2, Ausfahrt 19

Ziel: Bahnhof Bönen

Sehenswürdigkeiten: Zeche Westfalen, Zeche Radbod, Zeche Werne, Pförtnerhaus Königsborn, Zeche Königsborn

Einkehrmöglichkeiten: Gasthof Hagedorn in Hamm, Hafen Café in Bergkamen

Länge der Strecke: 55 km

Schwierigkeitsgrad: mittel

Wegbeschaffenheit: gute, asphaltierte Wege, teils Schotterwege

Beschilderung: NRW-Radverkehrsnetz

GPS-Daten zur Tour 7 abrufbar unter www.bachem.de

Vorherige Seite: Auf der Zechenbahntrasse in Ahlen

Eine Streckentour auf alten Zechenbahntrassen erwartet uns heute. Vom beschaulichen Ahlen geht es über Hamm, Werne und Kamen nach Bönen. Selbst in dieser sehr naturnahen Gegend ließ man der Erde keine Ruhe und grub nach dem schwarzen Gold. Es entstanden riesige Zechenareale mit zahlreichen Schächten. Doch heute haben sich diese Industriestandorte gewandelt und die Natur erholt sich allerorten. Es macht Spaß, durch diese spannende Landschaft zu radeln. Fahren wir also los und begeben uns auf Entdeckungstour.

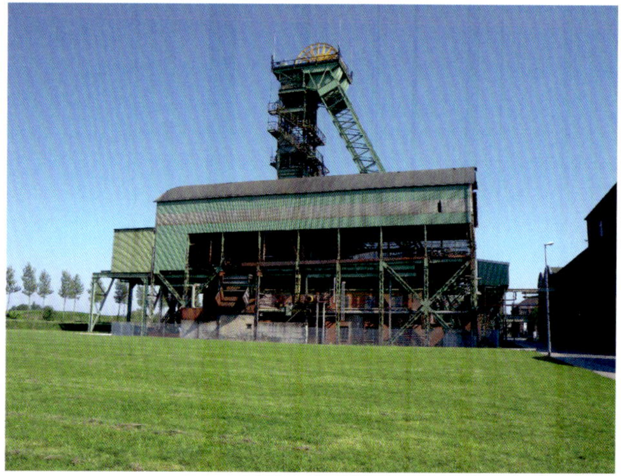

Zeche Westfalen, Schacht 2

Wir starten am Bahnhof von Ahlen im münsterländischen Westfalen. Am Vorplatz des Bahnhofs wenden wir uns zunächst rechts zur Straße Am Bahndamm. Geradeaus folgen wir dem Holzweg bis zur nächsten Unterführung, die wir rechts unterfahren. Auf der Bergstraße radeln wir mit dem Gesamtverkehr bis zur Ampel geradeaus auf der Fahrbahn und biegen hinter der Schützenstraße rechts auf den neuen Bahntrassenradweg ein. Hier fuhr bis zum Jahr 2000 der Kohlenzug ein wenig nördlich von der bestehenden Bahnstrecke bis nach Hamm. Nach wenigen hundert Metern stehen wir auf dem Gelände der stillgelegten **Zeche Westfalen**. Etwa um das Jahr 1901 fanden auf dem Gelände Probebohrungen statt. Nachdem diese erfolgreich waren, wurde 1909 mit dem Abteufen des ersten Schachts begonnen. Die Bergleute gruben sich in den folgenden Jahrzehnten bis in eine Tiefe von über 1300 Metern ins Erdreich. Doch Anfang des Jahres 2000 war dann endgültig Schluss mit dem Bergbau und die Zeche wurde geschlossen.

Auf dem schön gestaltetem Gelände gibt es heute allerlei zu sehen. Zuerst fallen uns links die Häuser der ehemaligen Arbeiter der Zeche auf. Die Hallen etwas weiter auf unserem Weg sind schmuckvoll restauriert worden und die Fördertürme strahlen ihren ganz eigenen Charme aus. Die Gebäude werden heute von einigen gewerbetreibenden Firmen genutzt oder sind zu Freizeitarealen umfunktioniert worden. So entstand hier in der ehemaligen Weißkaue, dem Ankleideraum der Bergleute, das Indoor-Fußballfeld **Soccerkaue**.

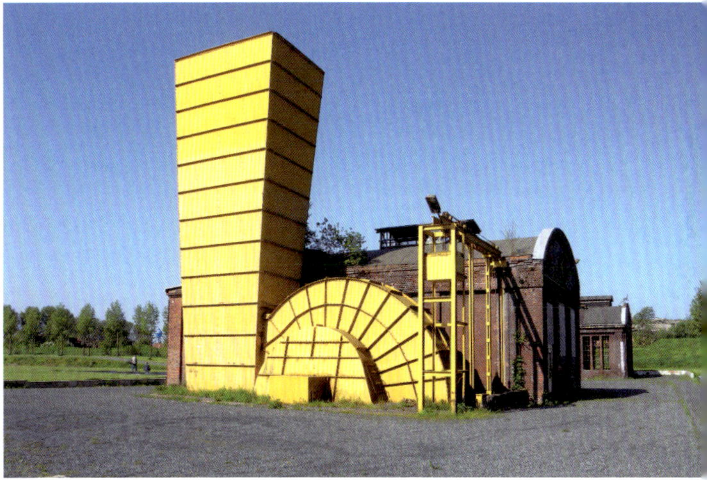

Am Ende des Zechengeländes weisen uns die roten Pfeile den Weg und wir treffen kurz auf den Werse-Radweg, dem wir aber nicht folgen. Direkt am nahen Info-Punkt mit Rastplatz lenken wir rechts auf den Weg nach Hamm/Dolberg. Beim nächsten Abzweig links beginnt auch wieder der eigentliche Bahntrassenradweg. Links von uns befindet sich die **Halde Westfalen**, die durch den Abraum der Zeche Westfalen Schacht 1 bis 7 entstand. Wir fahren in die Natur hin-

Lüfterhaus Zeche Westfalen

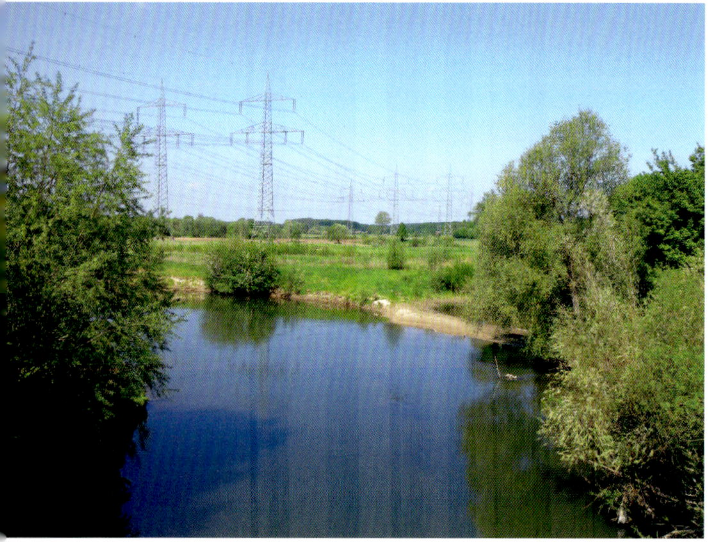

ein und genießen die Landschaft mit allen Sinnen. Nach einer lang gezogenen Kurve in Richtung Süden liegt rechts von uns das Gebiet um den ehemaligen Schacht 3, genannt „Magdeburg“. Heute erkennen wir dort nur bei sehr genauem Hinschauen Hinweise auf die ehemalige Schachtanlage. Wir lassen unsere Räder weiter in Richtung Hamm rollen und passieren eine **Aussichtsplattform**, von der aus wir die schöne Natur mal aus erhöhter Perspektive sehen können. Eine Landstraße unterqueren wir und bald stehen wir an der Uentroper Straße. Wir passieren vorsichtig die Straße und rollen auf dem gegenüberliegenden Weg weiter. Rechts von uns liegt die beschauliche Gemeinde **Dolberg**. Bis 1969 war „Thuleberge“, wie der Ort aus der Zeit um 955 n. Chr. bekannt war, eine eigenständige Gemeinde. Heute ist es der südlichste Stadtteil von Ahlen. Schön anzusehen ist der Dorfbrunnen mit der Statue von Ritter Richard von Thuleberge obenauf. Wir radeln ein kurzes Stück weiter, passieren über eine Brücke die Lippe und sind gleichzeitig vom Regierungsbezirks Münster in den Regierungsbezirk Arnsberg gefahren. Die Lippe wurde hier aufwendig renaturiert und zahlreiche Pflanzen- und Tierarten wird hierdurch wieder ein Zuhause geboten. Dann überqueren wir erst eine Landstraße, wenig später eine Kreisstraße und stehen kurz darauf am ehemaligen **Kohlenhafen** in Hamm-Uentrop. Dort endete die Fahrt der Zechenbahn, die Kohle der Zeche Westfalen wurde hier auf Schiffe verladen und in alle Richtungen verschifft. Wir fahren entlang des **Datteln-Hamm-Kanals** weiter und werden schon bei der nächsten Möglichkeit per Hinweis auf die andere Seite geleitet. Nicht weniger schön geht die Fahrt auf der linken Kanalseite weiter, bis wir nach etwa sechs Kilometern die Schleuse Hamm mit dem eindrucksvollen **Schleusenwärterhaus** erreichen. An der folgenden Brücke lenken wir auf die linke Radspur, um auf die gegen-

An der Lippe

überliegende Seite zu gelangen. Wir überqueren dabei nochmals den Kanal, halten uns hinter der Brücke zweimal rechts und unterqueren die soeben überfahrene Brücke. Den Schildern Richtung Bockum folgend radeln wir unter den Bahngleisen hindurch, bis wir an eine Straße treffen. Wir halten uns rechts und biegen bei der nächsten Möglichkeit links in die Merschstraße ein, die wir bis zum Ende befahren. Von dort geht es links weiter auf den Bockumer Weg. Gleich an der nächsten Straße biegen wir rechts auf den Landwehrweg ab und an dessen Ende wieder rechts auf den Großen Sandweg. Hinter der Bahnunterführung radeln wir links auf den Grundhövelweg und hinter der Absperrung für Kraftfahrzeuge links auf den neu gestalteten Radweg. Einst bogen hier von der Bahnstrecke die Züge zur nahe gelegenen **Zeche Radbod** Schacht 1, 2 und 5 ab. Der Betrieb der Zeche begann im Jahre 1905 und wurde schnell mit weiteren Schächten ausgebaut. Wenige Jahre später ereignete sich hier das größte Grubenunglück in der deutschen Geschichte. Wahrscheinlich durch eine Benzinsicherheitslampe ausgelöst, gab es eine schwere Explosion, die 350 Bergleuten das Leben kostete. Daraus entstand eine Debatte über die Arbeitssicherheit in der Zeche und in der Folge wurden die alten Lampen durch neuartige elektrische ausgetauscht.

Wir radeln auf der Zechenbahntrasse bis zu deren Ende an der Hammer Straße. Wer möchte, kann kurz auf der gegenüberliegenden Seite zu den Fördertürmen fahren und sich die Ungetüme von Nahem anschauen. Heute entstehen rund um die Schächte neue Industrie- und Dienstleistungsunternehmen. Wir fahren an der Hammer Straße links auf dem Radweg weiter und rollen bis zur Römerstraße. Dort biegen wir rechts ab. Bereit für eine Pause? Etwas weiter auf der Hammerstraße befindet sich links mit dem **Gasthof Hagedorn** eine willkommene Einkehrmöglichkeit. Kurz vor

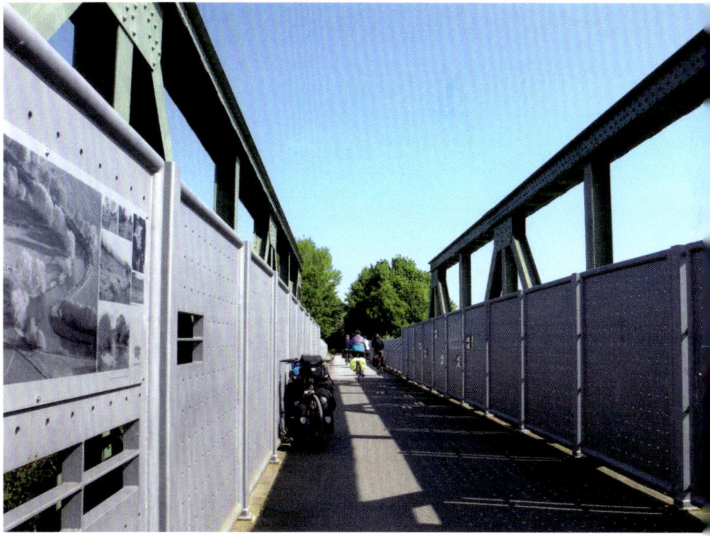

Brücke über der Lippe mit Schaufenstern

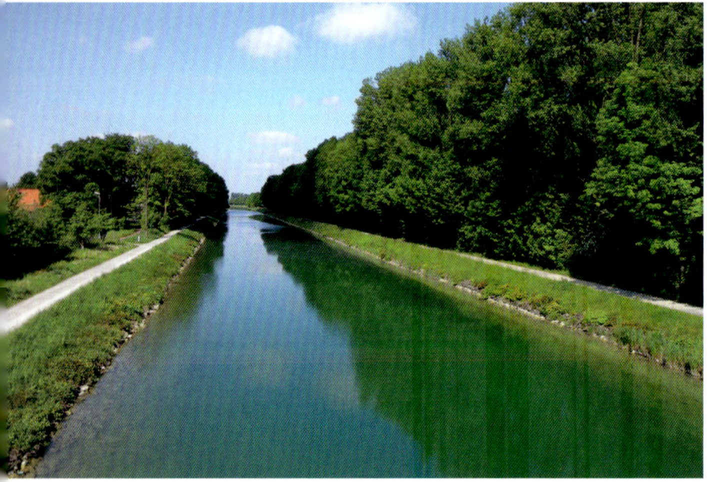

der **Lippe** biegen wir rechts ab, fahren dann links über die Brücke und rechts entlang des Flusses weiter. Dem Weg folgen wir, bis wir auf die Straße Am Tibaum treffen. Wir überqueren die Straße und fahren rechts weiter. Die Lippe wird nun noch zweimal überquert und an der nächsten Möglichkeit biegen wir links auf den Werthweg ein.
Wir lenken durch eine Links-rechts-Kurve und radeln dann immer geradeaus weiter, bis uns nach etwa 1400 Metern ein Schild rechts weiterleitet. Nach wenigen Metern biegt links der Bahntrassenradweg ab. Wir unterqueren die A 1 und fahren auf dem recht neuen Weg bis zur **Zeche Werne**. 1899 begannen hier die Arbeiten zur Förderung des begehrten Grubengolds. In der Weltwirtschaftskrise der 1920er Jahre wurden erste Teile der Schachtanlage bereits wieder stillgelegt. Bis in das Jahr 1975 hinein arbeiteten die Bergmänner hier tief unter der Erdoberfläche, um an die begehrte Kohle zu kommen. Dann kam das Ende der Zeche und einer der Schächte diente nur noch der Luftversorgung. Wir radeln weiter, überqueren nochmals die Lippe und anschließend den Datteln-Hamm-Kanal. Den Weg können wir nicht verfehlen, wenn wir einfach den roten Schildern Richtung Kamen folgen. Hinter der Überquerung des Kanals halten wir uns am Parkplatz links, um wieder auf die Trasse zu gelangen. Wenn wir nun rechts die Werner Straße überqueren, gelangen wir über die Hafenstraße zum Restaurant **Hafen Café**, einer sehr schönen Einkehrmöglichkeit. Achtung! Nach der Unterquerung der Gleise biegt der Weg leicht rechts ab. Am Schilderwald (Richtung Bönen/Kamen) biegen wir jedoch links und sofort wieder rechts ab. Wir fahren jetzt für einige Kilometer zwischen Feldern und Stadtrand in südliche Richtung. Nach circa drei Kilometern stehen wir erneut an einer unscheinbaren Verzweigung des Wegs. Rechts führt der Weg nach Kamen Zentrum (Abkürzung zum Bahnhof Kamen), wir halten uns links und lenken Richtung Bönen/Unna. Im weiteren Verlauf unterqueren wir

Am Datteln-Hamm-Kanal

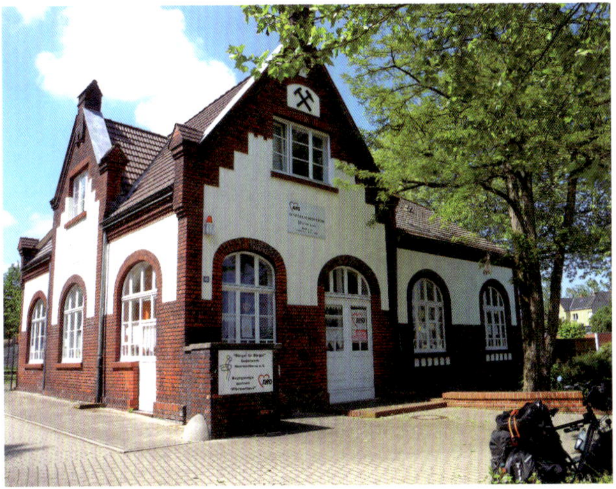

zuerst die A 2 und kurz danach die A 1. Wir werden abrupt am Schattweg gestoppt und müssen für ein kleines Stück neben der Straße auf dem Radweg weiterfahren. Nach etwa 500 Metern führt die Trasse links weiter. Wir stehen kurz vor der ehemaligen **Zeche Königsborn**. Wir umfahren das Gebiet mittels Wegweisern und kommen auf der gegenüberliegenden Seite wieder auf die Trasse. Kurz auf der Trasse, biegt links bergab ein unscheinbarer Weg ab. Wenn wir diesem folgen, kommen wir an das **historische Pförtnerhaus** der Zeche Königsborn 2/5. Es ist das letzte Überbleibsel der einstigen Zechenanlage. Im Jahr 1801 suchte man auf diesem Gelände eigentlich eine Solequelle, aber gefunden wurde ein Kohleflöz. Allerdings verboten die damaligen Gesetze die Förderung der Kohle und erst mit einer Gesetzesänderung 64 Jahre später durfte mit der Teufe begonnen werden. Von 1880 bis 1978 wurde auf der Zeche gearbeitet. Das Pförtnerhaus am Schacht 2/5 war der Eingangsbereich für die Mitarbeiter.

Wir radeln weiter auf der Trasse und treffen wieder auf pure Natur. Nach einigen Kilometern endet diese kurz vor dem Gelände der Schachtanlage Königsborn 3/4. Hier ließ man den Förderturm über dem Schacht 4 stehen, der abends illuminiert wird. Der „Yellow Marker“ wurde vom Künstler Mischa Kuball erschaffen. Wir biegen links ab und fahren auf der Zechenstraße bis zur Bahnhofstraße, halten uns rechts und erreichen so den Bahnhof von Bönen.

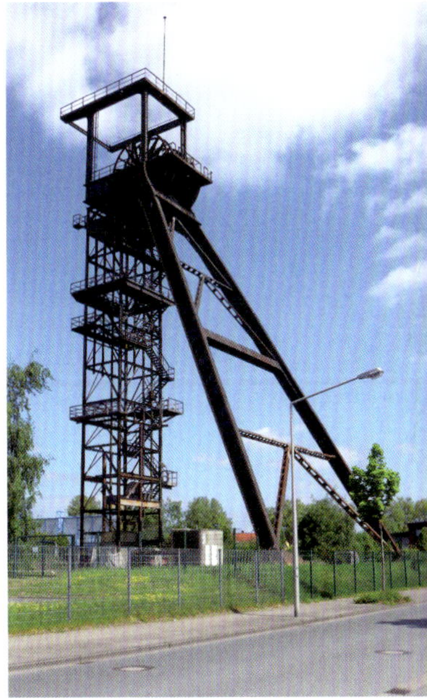

Pförtnerhaus der Zeche Königsborn (li.), Zeche Radbod in Bockum-Hövel (re.)

Den Bahnhof im Rücken geht es **rechts→** zur Straße Am Bahndamm; **geradeaus↑** auf Moltkestraße; **halb rechts↗** auf Holzweg; an der Unterführung **rechts→** auf Bergstraße; **geradeaus↑** bis Ampel; weiter **geradeaus↑** auf Bergstraße; an der zweiten Möglichkeit **rechts→** auf Bahntrassenradweg lenken; **geradeaus↑** bis **Zeche Westfalen**; am Ende **links←** über Parkplatz; erst **rechts→**, dann sofort wieder **links←** weiterradeln bis zur Bergmannstraße; **rechts→** weiter bis zum Radweg; dann **links←**, wenige Meter weiter **rechts→** und bald **links←** weiter auf Bahntrassenradweg; **geradeaus↑** bis **Hafen Hamm-Uentrop**; **geradeaus↑** weiter am Kanal; nächste Möglichkeit **rechts→** und über Brücke fahren; gegenüberliegende Seite weiter **geradeaus↑** am Kanal; **geradeaus↑** bis Hamm; Richtung Heessen und Hövel **rechts→** über die Brücke fahren; hinter der Brücke sofort **rechts→** und nochmals **scharf rechts→** unter der Brücke hindurch; unter Bahngleisen hindurch; am Ende des Wegs **rechts→** zur Merschstraße; **links←** auf Merschstraße lenken und bis zu deren Ende **geradeaus↑**; **links←** auf Bockumer Weg; **rechts→** in Landwehrweg fahren und bis zum Ende; **rechts→** auf Großer Sandweg steuern; hinter der Bahnunterführung **links←** in Grundhövelweg fahren; am Ende **links←** zur Unterführung Kohlenbahntrasse; **geradeaus↑** bis zur Hammer Straße; diese überqueren und **links←** auf Radweg weiter; zweite Straße **rechts→** in Römerstraße einbiegen; vor der Lippe **rechts→** und bald **links←** über die Brücke und **rechts→** weiter; **geradeaus↑** bis zur Straße Am Tibaum fahren; diese überqueren und **rechts→** weiter bis 1. Straße **links←** in Werthweg lenken und **geradeaus↑** weiter; kurz vor der Autobahn **rechts→** und bald **links←** auf die Bahntrasse; **geradeaus↑** bis **Zeche Werne**; weiter bis zur Lippe und kurz dahinter **halb rechts↗** und **links←** über den Kanal fahren (rote Schilder beachten); am Parkplatz **links←** zur Trasse zurück; bei der Abzweigung (rote Schilder: Bönen/Unna) **links←** auf Königstraße und sofort **rechts→** auf die Trasse Richtung Bönen und Unna; **geradeaus↑** bis zur erneuten Abzweigung Kamen /Bönen /Unna; **links←** in Richtung Bönen/ Unna weiterfahren. **Abkürzung:** zum **Bahnhof Kamen** **rechts→** halten.

Geradeaus↑ bis zur Unterquerung der Autobahnen 2 und 1; weiter bis Ende der Trasse; **links←** auf Schattweg/Gießerstraße (Radweg linke Seite); bald **links←** auf Trasse zurück; **geradeaus↑** bis zum Zechengelände Königsborn; rechts umrunden (rote Pfeile) und wieder auf die Trasse einlenken; **geradeaus↑** bis Trassenende; **links←** auf Schwarzer Weg fahren und über Zechenstraße **geradeaus↑** bis zur Bahnhofstraße: dort **rechts→** und dieser Straße folgen bis zum Bahnhof hinter der Unterführung.

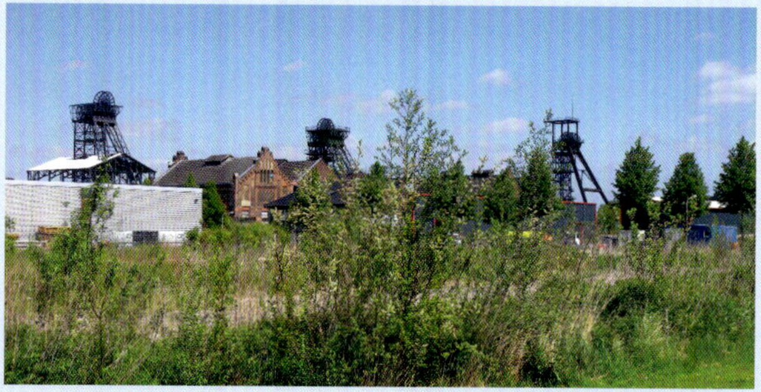

Fördertürme der Zeche Radbod 1, 2, 5

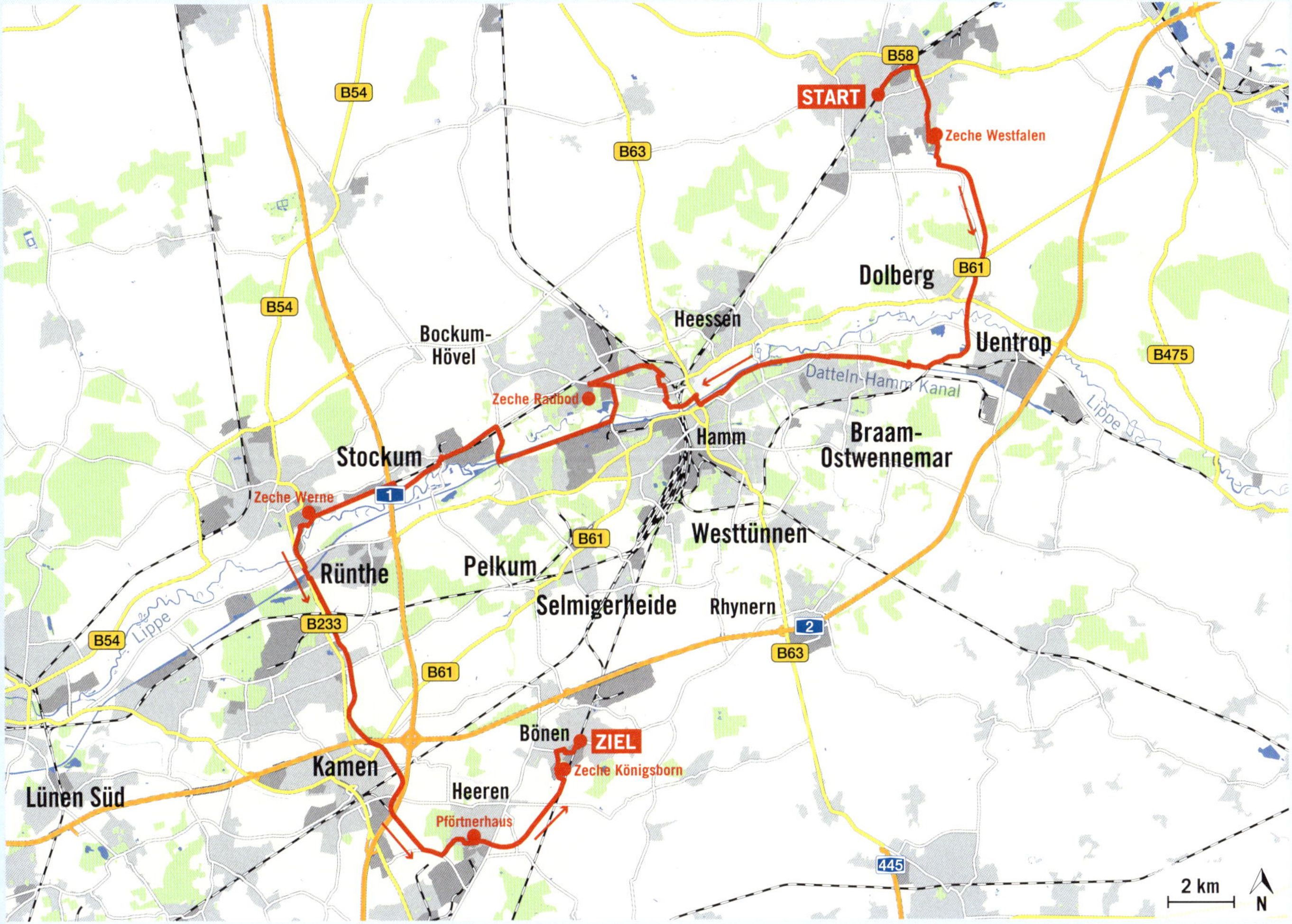

GPS-Daten zur Tour 7 abrufbar unter www.bachem.de

Tourismus-Informationen

Touristinformation Ahlen
Beckumer Straße 34
59229 Ahlen
Tel. 02382/96 43 07
www.muensterland-tourismus.de

Museen und Sehenswürdigkeiten

Zeche Westfalen
Zeche Westfalen 1
59229 Ahlen
Tel. 02382/70 21 49
Führung auf dem Zechengelände ab 10 Personen nach telefonischer Absprache
www.zechewestfalen.de

Einkehrmöglichkeiten

Gasthof Hagedorn
Bockumer Weg 280
59065 Hamm
Tel. 02381/6 48 56
www.gasthof-hagedorn.de

Hafen Café
Hafenweg 4
59192 Bergkamen
Tel. 02389/4 02 58 82
www.hafencafe.com

Freizeiteinrichtungen

Soccerkaue
Zeche Westfalen 1
59229 Ahlen
Tel. 02382/9 69 82 12
www.soccerkaue.de

Fahrradservice

Zweirad Niehues City
Oststraße 25
59065 Hamm
Tel. 02381/3 73 18 13
www.zweiradniehues.de

AT Cycles
Werner Straße 112
59192 Bergkamen
Tel. 02307/29 99 19
www.at-cycles.eu

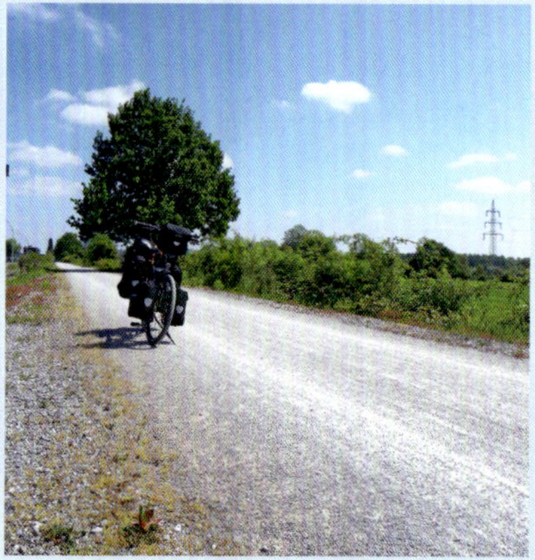

Auf der Trasse bei Werne

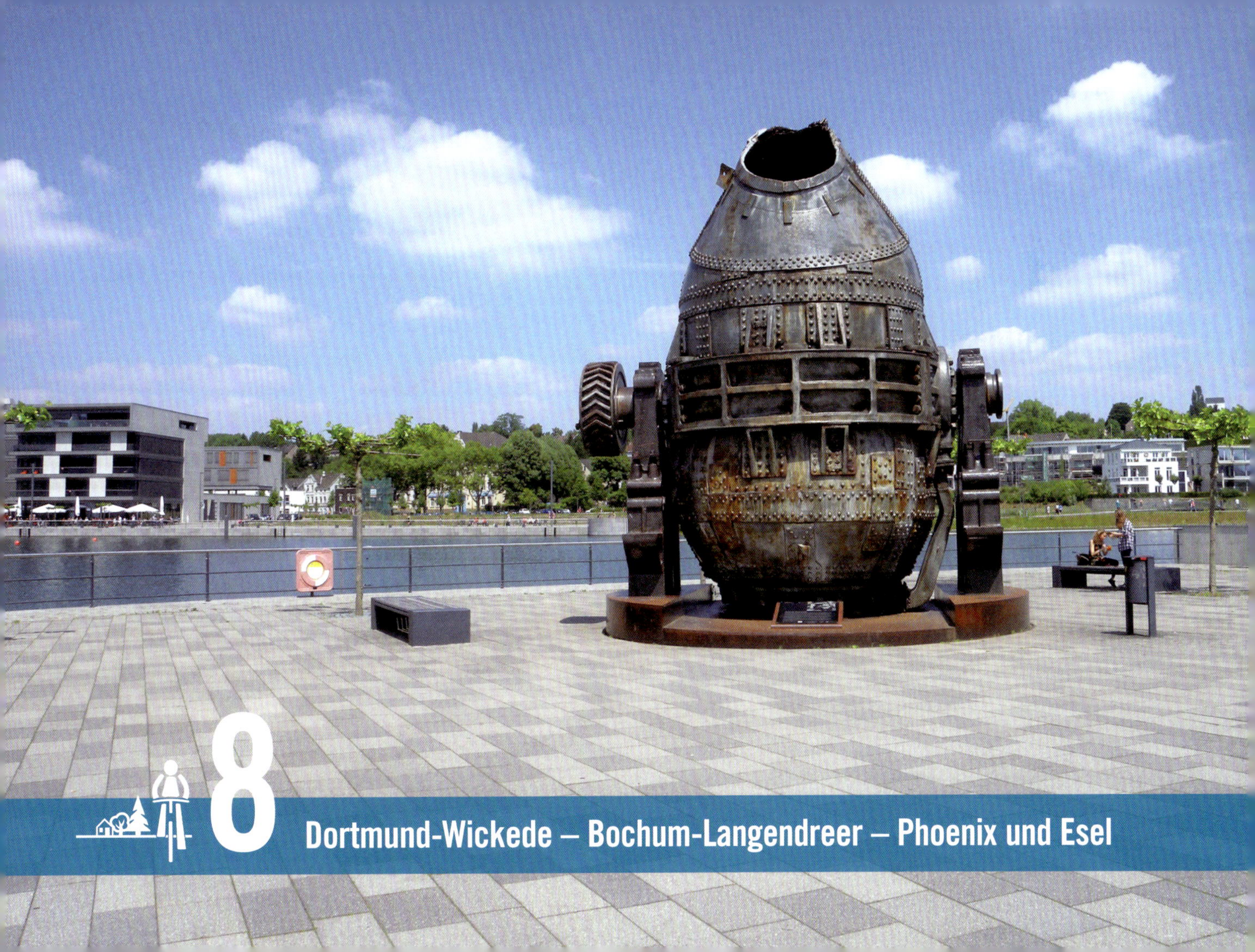

8 Dortmund-Wickede – Bochum-Langendreer – Phoenix und Esel

8 Dortmund-Wickede – Bochum-Langendreer

Phoenix und Esel

AUF EINEN BLICK

Start: Bahnhof Dortmund-Wickede West

Anfahrt: (Bahn) mit der Linie S 4, (Pkw) A 40 , B 1

Ziel: Bochum-Langendreer

Sehenswürdigkeiten: Phoenix-See, Hochofenwerk Phoenix-West, Botanischer Garten Rombergpark, Zoo Dortmund, Märkisches Museum Witten, LWL-Industriemuseum Zeche Zollern

Einkehrmöglichkeiten: Pfefferkorn Steakhouse am Phoenix-See, Café Extrablatt in Witten

Länge der Strecke: 31 km

Schwierigkeitsgrad: leicht

Wegbeschaffenheit: gute, asphaltierte Wege, teils Schotterwege

Beschilderung: NRW-Radverkehrsnetz

GPS-Daten zur Tour 8 abrufbar unter www.bachem.de

Auf dieser Etappe durch das östliche Ruhrgebiet ist der Gegensatz von Industrie und Natur allerorten zu erkennen. Früher stand ein riesiges Stahlwerk mitten in Dortmund-Hörde, inzwischen ist daraus ein Wohn-und Erholungsgebiet entstanden. Wie Phönix aus der Asche! Aus Alt mach Neu ist hier tadellos gelungen. Entlang des Phoenix-Sees radeln wir und auf dem zweiten Teil der Tour sind wir dem Rheinischen Esel auf der Spur. Machen wir uns einen schönen Tag!

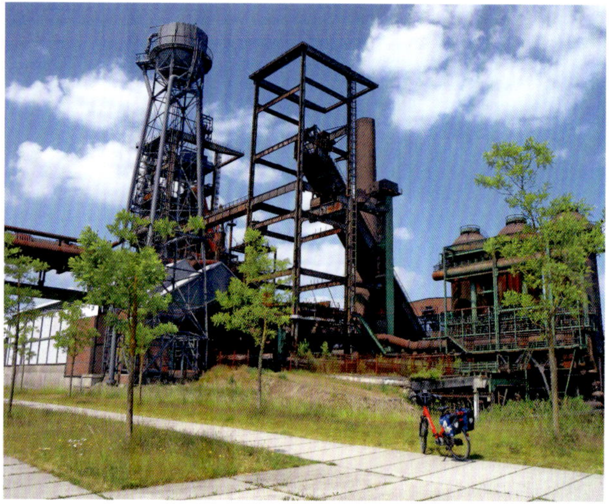

Vorherige Seite: Der Thomas-Konverter am Phoenix-See

Phoenix-West

Wir starten die heutige Tour am Bahnhof Dortmund-Wickede West. Wir wenden uns in östliche Richtung und gehen zur Steinbrinckstraße. Gleich bei der ersten Möglichkeit biegen wir rechts in die Straße Webershohl ein und fahren nun in westlicher Richtung weiter. Nach wenigen Metern biegt der Weg leicht nach links ab. Hier begann die alte Bahntrasse, die einst die Zechen Holstein und Schleswig mit der Hermannshütte in Dortmund-Hörde verband. Wir sehen heute nicht mehr allzu viel von dieser Trasse, gelegentlich ist mal ein alter Bahndamm zu erkennen.

Aus einem Wäldchen radeln wir heraus und überqueren zunächst den Briefsweg und rollen dann in die Buddinkstraße ein. Nach den letzten Häusern sehen wir rechts die stillgelegte Halde der beiden Zechen. Schilder leiten uns auf die andere Seite des alten Bahndamms. Auf der Quartlenbeckstraße geht es weiter, dann treffen wir auf die Applerbecker Straße, auf die wir links einbiegen. Wir überqueren die Holzwickeder Straße und radeln noch ein Stück geradeaus. Nach etwa 350 Metern biegen wir vor dem Autohaus rechts auf einen Weg ein und kommen somit links auf die Straße Schwarzer Weg.

Zurück auf der Trasse können wir nun wieder etwas entspannter fahren und radeln geradeaus weiter. Am Ende des Schwarzen Wegs schwenken wir leicht nach links und radeln unter der Unterführung hindurch. Wir halten uns nun rechts und fahren weiter auf der Trasse. Die Leni-Rommel-Straße müssen wir überqueren und dann geht es auf der anderen Straßenseite weiter auf der Allerstraße bis zu deren Ende. Mit Hilfe der Ampel überqueren wir die Marsbruchstraße und stehen jetzt erkennbar an einer Zechentrasse. Wir radeln bis zu deren ausgebautem Ende und stehen dann an der Straße Am Remberg. Hier geht es rechts weiter und an

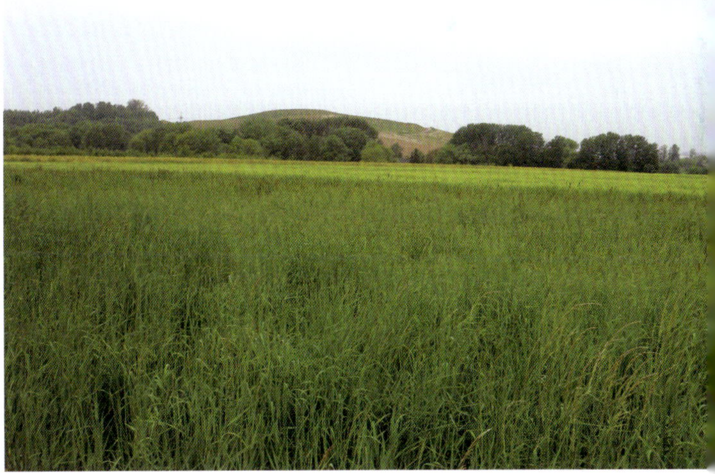

Deponie Schleswig in Dortmund-Brackel

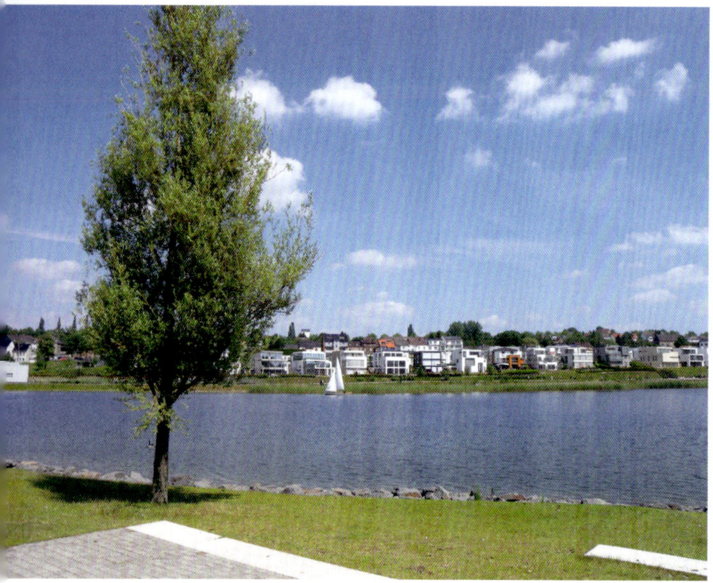

der nächsten Möglichkeit biegen wir links in die Kohlensiepenstraße ein. Nach wenigen Metern (Achtung Bordsteinkante!) verläuft unser Weg rechts bergab. Wir folgen diesem neu angelegten Weg bis zum **Phoenix-See**. Wir überqueren die Straße An den Emscherauen. Leicht links versetzt führt unser Weg in Serpentinen hinab zum See. Wir radeln rechts weiter, den See zu unserer Linken.

Am Phönix-See in Dortmund-Hörde

Die Hermannshütte, die 1839 eröffnet wurde, gab in Spitzenzeiten bis zu 800 Menschen Arbeit. In den 1850er Jahren entstand daraus der Hörder Bergwerks- und Hüttenverein. Die beiden riesigen Standorte wurden später zum Werk Phoenix-Ost und West. 2001 wurde die letzte Schicht gefahren und das Werk geschlossen. Teile der Hütte sind heute in China im weiteren Einsatz. 2004 war das Areal komplett abgetragen. Danach entstand aufgrund einer einmaligen Renaturierungsmaßnahme der Phoenix-See. Heute wohnen hier Menschen mit ihren Familien in einer Idylle. Wer möchte, fährt einmal um den See herum oder setzt sich zur Pause in eine der zahlreichen Gaststätten, z. B. im **Pfefferkorn Steakhouse**.

Leicht bergan geht es auf dem Weg weiter, der uns bald zum nächsten Highlight der Tour leitet, dem alten Gelände des **Phoenix-West Hochofenwerks**, das in den 1850er-Jahren errichtet wurde. Das Hochofenwerk diente auch als Kulisse für den Tatort-Krimi „Schwerelos" mit Kommissar Peter Faber. Wir fahren an der Phoenix-Halle rechts hinunter zum Elias-Bahn-Weg, dann kurz rechts und links weiter auf der Robert-Schumann-Straße. Bis zum Kreisverkehr radeln wir und dann geht es auf dem Radweg weiter geradeaus. Wir überqueren die B 54 und fahren das letzte Stück auf der Trasse zur Straße Am Rombergpark. Diese überqueren wir und radeln geradeaus weiter. Wir halten uns rechts und fah-

ren bis zur Mergelteichstraße weiter. Links neben uns stand bis 1929 die Zeche Glückaufsegen mit ihren beiden Schächten. Wegen mangelnder Rentabilität wurde die Zeche schon früh aufgegeben. Heute befindet sich hier der **Botanische Garten Rombergpark**. Der Park bietet neben Pflanzenschauhäusern auch ein sehr schönes Arboretum sowie zahlreiche als Ruheinsel gestaltete Sitzgelegenheiten.
An der Mergelteichstraße halten wir uns links und radeln auf der Straße bis hinter den Parkplatz. Links befindet sich der Eingang zum **Zoo Dortmund**, der 1953 über dem ehemaligen Grubenfeld der Zeche Glückaufsegen erschaffen wurde. Im Zoo, der sich auf die Zucht südamerikanischer Tierarten spezialisiert hat, leben rund 1750 Tiere in 227 Arten. In diversen Bewertungen erzielte der Zoo immer Bestnoten – also steht einem Besuch nichts mehr im Wege.
Wir fahren nun rechts weiter, dann beschreibt der Weg bald eine Links-rechts-Kurve und wir kommen an eine Unterführung. Hier radeln wir rechts weiter und am Ende des Reitwegs geht es links auf die Galoppstraße. Es folgt eine Rechts-links-Kurve, an deren Ende wir auf der Hollmannstraße bis zu deren Ende weiterfahren. Wir erreichen die Hagener Straße und radeln dort nach rechts. An der kommenden Kreuzung (Vorsicht!) ordnen wir uns links in die Gotthelfstraße ein. Dann geht es an der zweiten Möglichkeit links in die Schneiderstraße und an der Hellerstraße (Feuer-

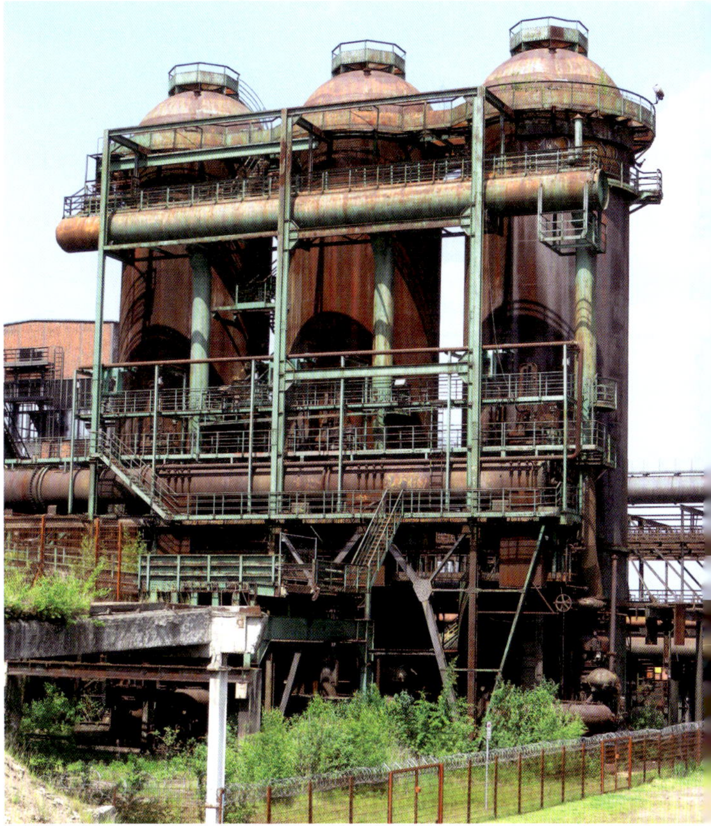

Hochofenwerk Phönix-West

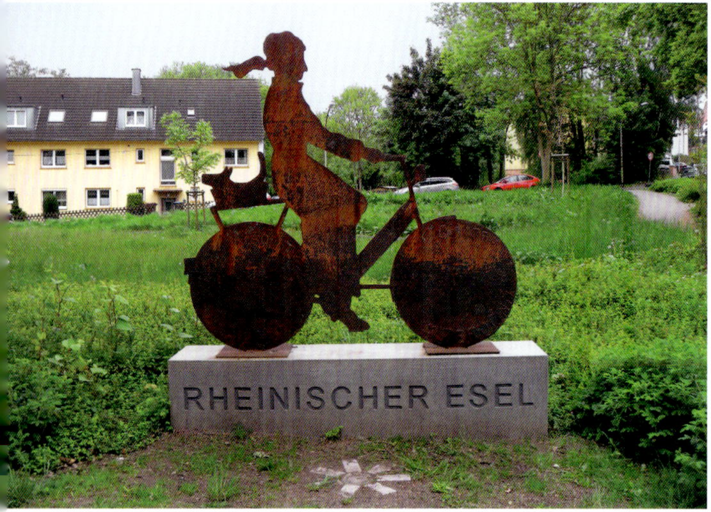

wehr) wiederum nach links. Nach etwa 300 Metern biegen wir scharf rechts bergauf wieder auf den Trassenweg ein. Wir haben den Anfang einer interessanten Bahntrasse, den **Rheinischen Esel**, erreicht. Nahezu die komplette Strecke von 13 Kilometer Länge ist ausgebaut, am Anfang mit Schotter und ab Witten-Ost ist der Weg geteert.

Von Dortmund-Löttringhausen wand sich die im Jahre 1880 eröffnete Bahnstrecke bis nach Bochum-Langendreer. Sie transportierte 102 Jahre lang Güter und Personen von Löttringhausen nach Witten. Die restliche Strecke, von Witten-Ost bis Langendreer wurde 2004 aufgegeben und rückgebaut. Der eigentümliche Name entstand, weil in der damaligen Zeit viele Marktfrauen Obst, Gemüse und sogar lebende Kleintiere im Zug wie auf einem Esel transportierten und die Bahn der Rheinischen Gesellschaft gehörte. Unterwegs gab es neun Bahnhöfe, heute sind teilweise noch die Schilder erhalten. Wir radeln am Anfang der Trasse durch das Ardeygebirge, hin und wieder sehen wir am Wegesrand markante Felseinschnitte. Vor der Überquerung der A 45 befand sich früher schon der erste Bahnhof und knapp dahinter der nächste. Wir radeln gemütlich auf der Trasse gen Westen auf Witten zu.

Nahezu kreuzungsfrei ist die Strecke auf den nächsten Kilometern. Interessante Skulpturen wie der Radschläger säumen unseren Weg und es macht daher noch mehr Spaß, auf der Trasse zu radeln. Unterwegs treffen wir immer wieder auf eine Bank entlang der Strecke, wo wir uns ein wenig ausruhen können. Der Trassenweg ist auf diesem Teil neu geteert und gut zu befahren. Wir radeln um den alten Bahnhof Witten-Ost herum und müssen kurz auf die Straße ausweichen. Die gute Beschilderung leitet uns wieder auf die Trasse und wir können dort weiterfahren. Bei der nächsten Wegekreuzung haben wir die Gelegenheit, uns die Innenstadt von **Witten** anzusehen. Schilder weisen uns den

Radfahrerin am Radweg Rheinischer Esel

Weg. Hier finden wir auch das **Märkische Museum**, das eine umfangreiche Sammlung deutscher Malerei und Grafik des 20. Jahrhunderts beherbergt.
Verzichten wir auf die Stadtbesichtigung, setzen wir unsere Fahrt über das Viadukt über die bestehende Bahnstrecke Witten–Dortmund fort. Hier befand sich einst der Halt mit dem schönen Namen „Witten-Sonnenschein". Ein wenig ist noch vom ehemaligen Bahnhofsgelände zu erkennen. Wir radeln weiter geradeaus, sind bald aus Witten herausgefahren und blicken nun nur noch auf Felder. Wir kreuzen die A 44 und kurz dahinter den alten Bahnsteig von Witten-Stockum. Auf der damaligen Strecke gab es noch einen weiteren Bahnhof, den Haltepunkt „Siebenplaneten", den letzten, bevor die Züge in Bochum-Langendreer ankamen. Heute erinnert daran noch ein Straßenname in der Siedlung rechts neben uns.
Ein Wegweiser zeigt uns den Weg zur **Zeche Zollern**, die heute als Museum mit dem Namen **LWL-Industriemuseum „Ein Schloss der Arbeit "** fungiert. Die Zeche entstand zwischen den Jahren 1898 und 1902 als Vorzeigeprojekt. Architektonisch auffallend und modern zugleich sollte sie sein. Außerordentlich sind die Jugendstilfenster der Maschinenhalle. Im vorderen Bereich der Anlage erinnert der Bau an eine Schlossanlage daher der Name „Schloss der Arbeit".

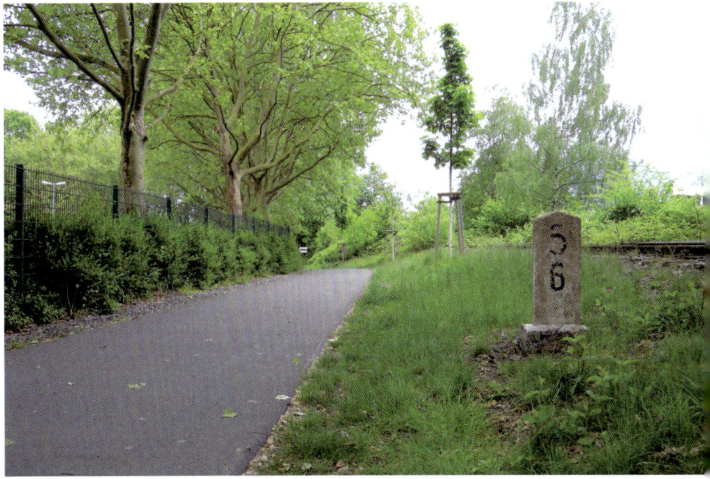

Noch ein paar Pedaltritte und wir stehen am Ende des Wegs. Wir lenken links auf die Oberstraße und folgen dieser unter der Unterführung hindurch. Bei der nächsten Möglichkeit fahren wir rechts in die Brundelstraße und wechseln bald im Rechtsbogen auf die Borchallee. Bei der dritten Möglichkeit biegen wir rechts in die Straße Am Leithenhaus ein und befahren diese bis zum Ende. Nun geht es noch einmal nach rechts und schon befinden wir uns am Bahnhof Bochum-Langendreer. Von hier aus fahren die Züge in alle Richtungen. Es war ein gelungener Tag mit viel Abwechslung.

Kilometerstein in Witten

Rad in Richtung Steinbrinckstraße schieben; **rechts→** auf Webershohl fahren und bis zum Briefsweg radeln; **geradeaus↑** auf Buddinkstraße und weiter bis Unterführung, Rechts-links Kurve und bis zur Aplerbecker Straße; dort **links←** und weiter bis Schwarzer Weg (Autohaus); zuerst **rechts→**, dann sofort **links←** weiter; am Ende Schwarzer Weg **geradeaus↑** und unter Brücke hindurch (leicht rechts halten); Leni-Rommel-Straße überqueren; **geradeaus↑** auf Allerstraße; Marsbruchstraße überqueren und **geradeaus↑** auf der Trasse bis Ende der Straße Am Remberg, dann **rechts→** weiter; **links←** auf Kohlensieperstraße; gleich **rechts→** auf den Radweg leicht bergab fahren; Straße An den Emscherauen überqueren und leicht **links←** **versetzt** auf Serpentinen zum See fahren; **rechts→** weiter und den roten Pfeilen folgen; leicht bergauf bis zum Ende der Trasse; am Phoenix Platz **rechts→** halten und auf Elias-Bahn-Weg fahren; **rechts→** halten und auf Robert-Schuman-Straße weiter bis zum Ende (Kreisel); **geradeaus↑** auf Trassenweg bis zum Ende fahren; Straße Am Rombergpark überqueren und am Ende **rechts→** weiter; **geradeaus↑** bis Mergelteichstraße fahren; bis zum **Zoo Dortmund** dem Weg folgen (am Parkplatz vorbeifahren); bis zur Zillesstraße fahren und **rechts→** auf Reitweg; **links←** auf Galoppstraße weiter und bald Rechts-links-Kurve und auf der Holmannstraße weiter; **geradeaus↑** bis zur Hagener Straße und **rechts→** weiter; an der Ampel links abbiegen und die zweite nochmals **links←** fahren; auf der Schneiderstraße etwa 1800 Meter fahren und **links←** in die Hellerstraße einbiegen (Feuerwehr); nach etwa 300 Metern **scharf rechts↘** auf die Trasse lenken; **geradeaus↑** bis **Bahnhof Witten-Ost**; über den Parkplatz am Bahnhof fahren und am Ende die Pferdebachstraße überqueren und **links←** weiterfahren; **halb rechts↗** und leicht bergauf auf den Trassenweg lenken und **geradeaus↑** bis zum Ende der Trasse in **Bochum-Langendreer**; **links←** auf der Oberstraße weiter; **rechts→** durch Unterführung; **rechts→** auf Brundelstraße und dem Verlauf folgen; **rechts→** auf Borchallee weiter; bei der dritten Möglichkeit **rechts→** auf Straße Am Leithenhaus; am Ende **rechts→** auf Hauptstraße und **geradeaus↑** zum Bahnhof.

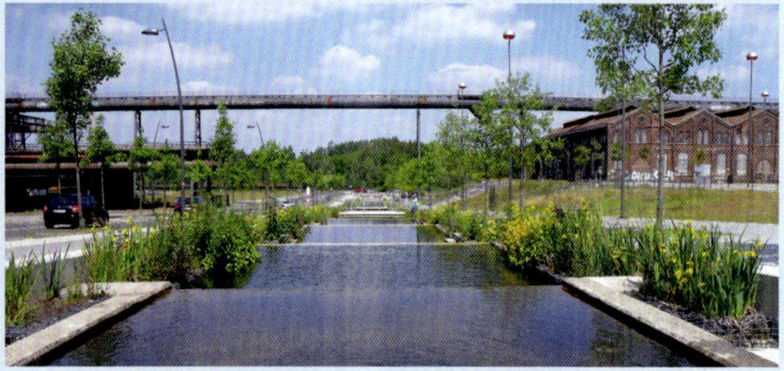

Neugestaltung an der Phönix-Halle

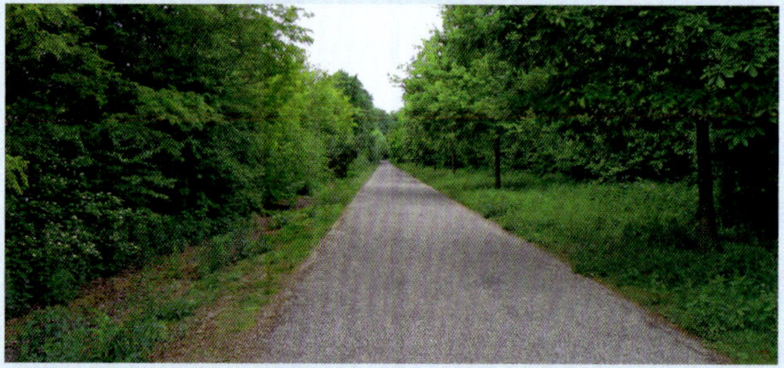

Radweg am Rombergpark

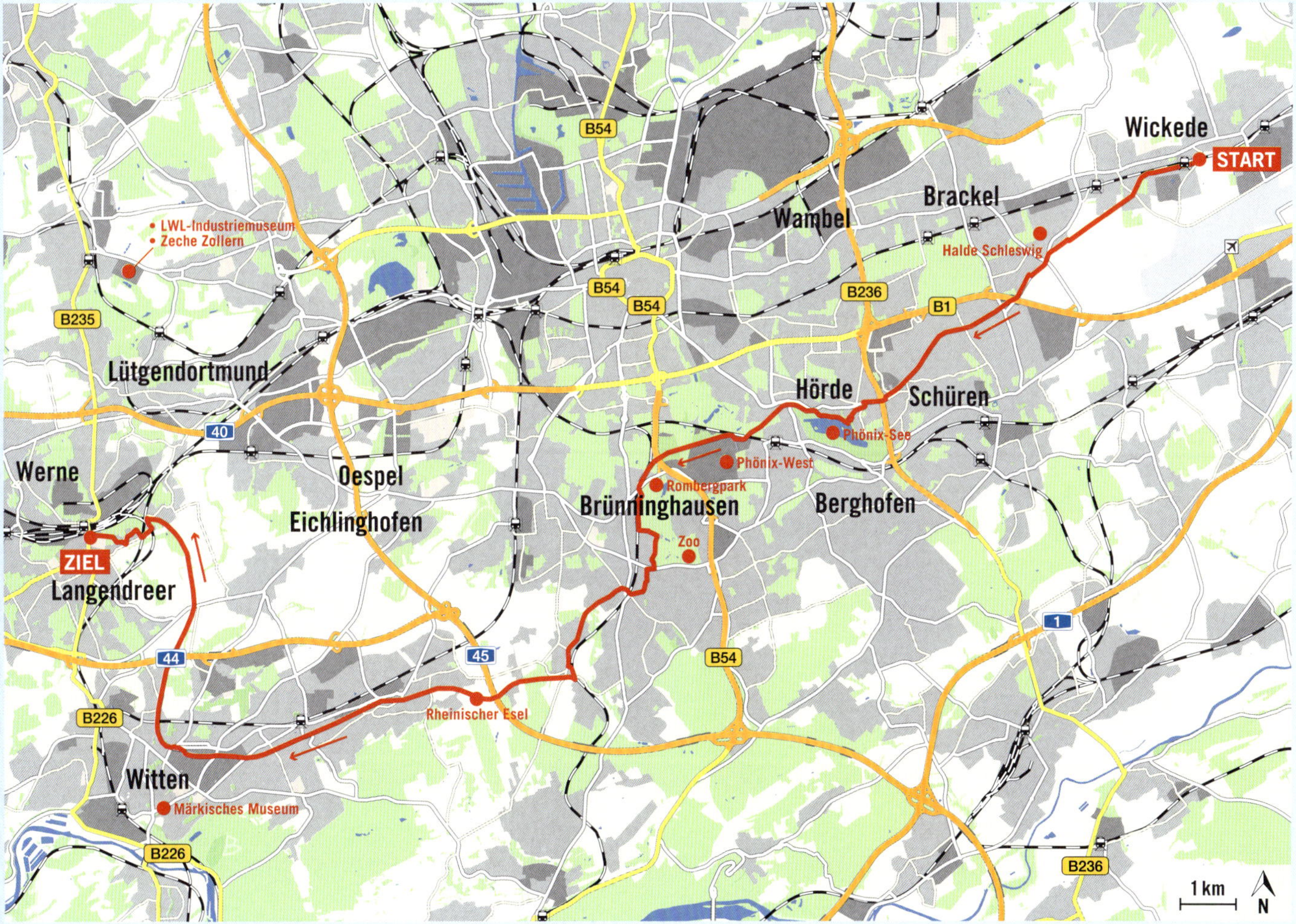

GPS-Daten zur Tour 8 abrufbar unter www.bachem.de

Tourismus-Informationen

Besucherzentrum Dortmund
Kampstraße 80
44137 Dortmund
Tel. 0231/1 95 00
www.dortmund-tourismus.de

Stadtmarketing Witten
Marktstraße 7
58452 Witten
Tel. 02302/194 33
www.stadtmarketing-witten.de

Museen und Sehenswürdigkeiten

Märkisches Museum Witten
Husemannstraße 12
58452 Witten
Tel. 02302/5 81 25 50
www.kulturforum-witten.de

LWL-Industriemuseum Zeche Zollern
Grubenweg 5
44388 Dortmund
Tel. 0231/6 96 11 11
www.lwl.org

Einkehrmöglichkeiten

Pfefferkorn NY Steakhouse
Hafenpromenade 1–2
44263 Dortmund
Tel. 0231/22 20 48 00
www.pfefferkorn-restaurants.de

Café Extrablatt
Bahnhofstraße 27
58452 Witten
Tel. 02302/9 62 76 44
www.cafe-extrablatt.com

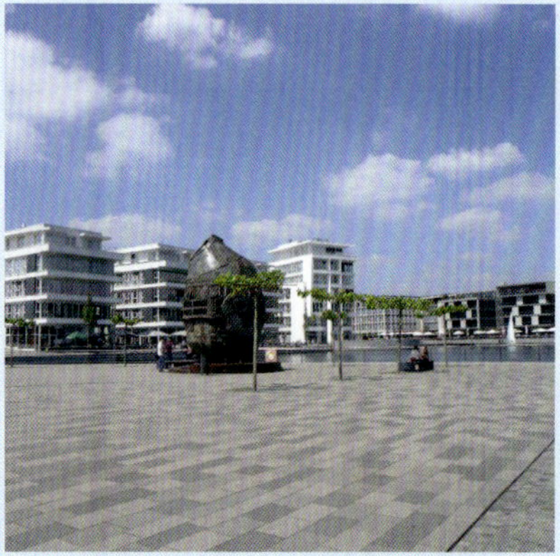

An der Hafenpromenade am Phönix-See

Freizeiteinrichtungen

Botanischer Garten Rombergpark
Am Rombergpark 35a
44225 Dortmund
Tel. 0231/5 02 41 64
www.rombergpark.dortmund.de

Zoo Dortmund
Mergelteichstraße 80
44225 Dortmund
Tel. 0231/50 28 59 3
www.zoo.dortmund.de

Fahrradservice

Ebis Fahrradservice
Hauptstraße 30
58452 Witten
Tel. 02302/3 11 23
www.ebis-fahrradservice.de

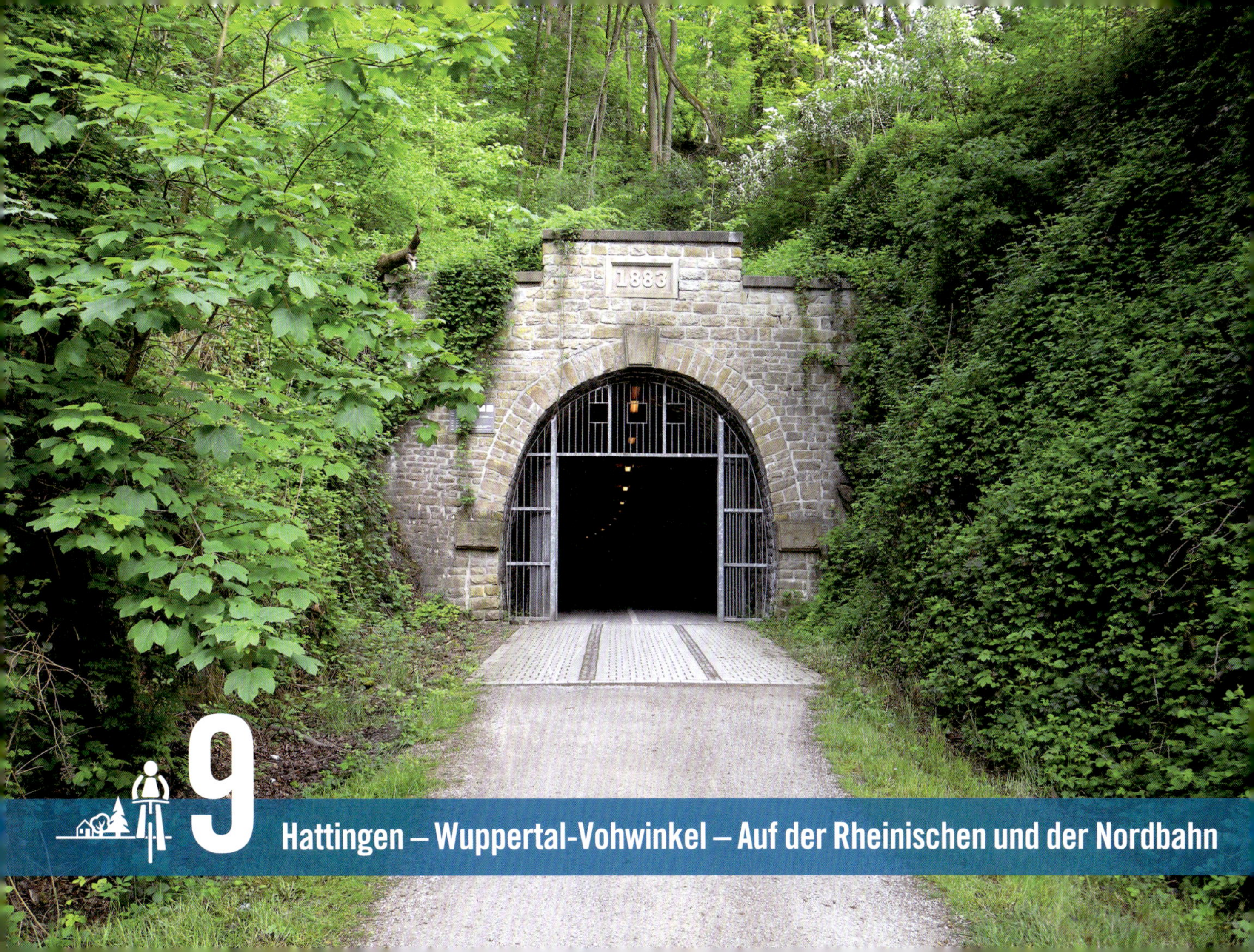

9 Hattingen – Wuppertal-Vohwinkel – Auf der Rheinischen und der Nordbahn

9 Hattingen – Wuppertal-Vohwinkel

Auf der Rheinischen und der Nordbahn

AUF EINEN BLICK

Start: Bahnhof Hattingen-Mitte

Anfahrt: (Bahn) mit der Linie S 3 , (Pkw) A 40, Ausfahrt 29, K 9, L 651

Ziel: Wuppertal-Vohwinkel

Sehenswürdigkeiten: Schulenbergtunnel, Schacht Hövel, Naturschutzgebiet Im Hölken, Museum Engels-Haus, Utopiastadt Mirker Bahnhof, Lego-Brücke

Einkehrmöglichkeiten: Café Hutmacher im Bahnhof Wuppertal-Mirke

Länge der Strecke: 35 km

Schwierigkeitsgrad: mittel

Wegbeschaffenheit: gute, asphaltierte Wege, teils Schotterwege

Beschilderung: NRW-Radverkehrsnetz

GPS-Daten zur Tour 9 abrufbar unter www.bachem.de

Radeln auf alten Bahntrassen von der Ruhr bis zur Wupper, wer hätte das vor Jahren gedacht? Der erste Teil der Strecke der Rheinischen Bahn ist bereits 1991 eröffnet worden. Peu à peu wurde der Radweg oberhalb von Sprockhövel vom Bahnhof Schee bis nach Hattingen erweitert. Ende 2014 kam die Nordbahntrasse auf dem Stadtgebiet von Wuppertal hinzu. Mittlerweile ist die 23 Kilometer lange Strecke der Nordbahn eine der schönsten Bahntrassenradwege in NRW und im Mai 2015 mit dem deutschen Fahrradpreis ausgezeichnet worden. Wer an schönen Sonnentagen dort fährt, ist meist nicht alleine. Tausende radeln, spazieren, skaten und joggen auf der breiten Trasse. Hinein ins Vergnügen!

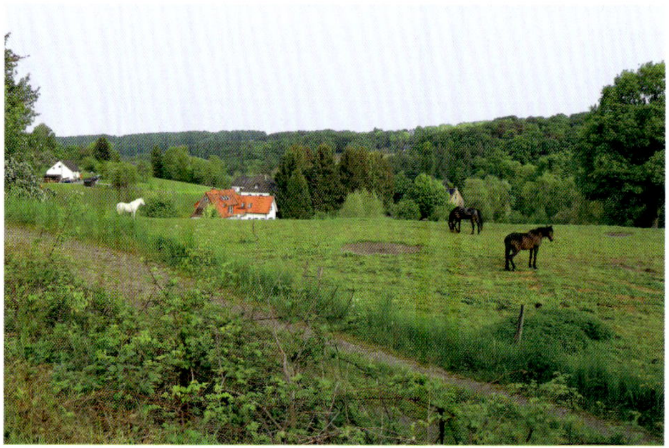

Vorherige Seite: Der 195 Meter lange Schulenbergtunnel

Landschaft bei Sprockhövel

Wir beginnen die heutige Tour am Bahnhof Hattingen-Mitte. Mit dem Rücken zum Bahnhof halten wir uns links und rollen über den Parkplatz bis zur Bruchstraße. Dort sehen wir schon die roten Wegweiser zum Schulenbergtunnel, durch den uns unser Trassenweg bald führen wird. Wir fahren nach rechts und steuern am Kreisverkehr geradeaus. Kurz vor dem Ende der Straße führt unsere Tour links auf einen schmalen Weg. An dessen Ende geht es zunächst rechts und dann sofort links in die Goethestraße hinein. Links radeln wir in die Lessingstraße und kurz darauf in die Schillerstraße. An deren Ende geht es links auf den Südring und dann rechts in die Grünstraße hinein. Nach wenigen Metern fahren wir dann links auf den Trassenweg. Bald erreichen wir das erste Highlight der Strecke. Der 195 Meter lange **Schulenbergtunnel** wurde im Jahre 1883 erbaut und bis in das Jahr 1984 fuhren dort die Züge hindurch. Seit 2008 ist er für den Radverkehr ganzjährig geöffnet. Heiß begehrt bei Radfahrern ist er auch, denn es führen hier neben dem Von-Ruhr-zur-Ruhr-Radweg auch die Deutsche Fußball-Route und unsere Trasse der Rheinischen Bahn hindurch. Wir genießen die frische, kühle Luft und sind rasch auf der anderen Seite des Tunnels angekommen und befinden uns nun schon fast außerhalb des Stadtgebiets. Jetzt führt unsere Tour stetig und leicht aufwärts bis zum nächsten Tunnel. Nach wenigen hundert Metern erreichen wir ein

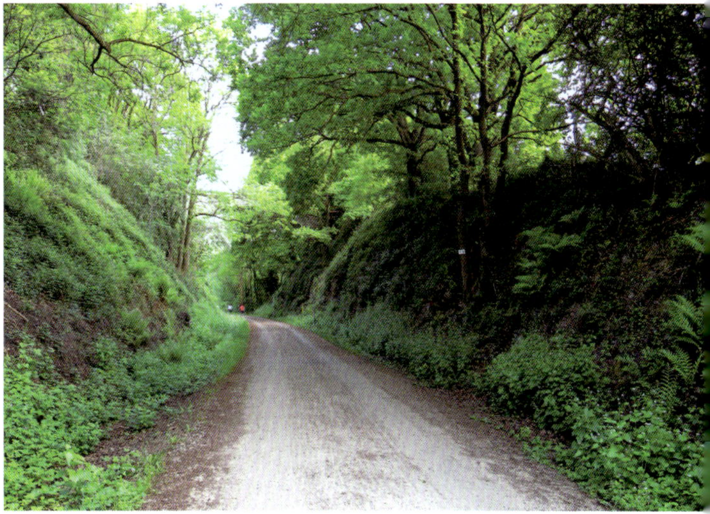

altes Zechengelände, links befand sich einst das Kohlenbergwerk Zufälligglück. Heute ist davon nur noch ein Stollenmundloch übrig geblieben. Wir radeln weiter gen Süden und kommen nach **Sprockhövel**. Dass hier die Wiege der deutschen Kohle stand, ist kaum bekannt, denn in dieser Gegend wurde angeblich die erste Kohle im Revier gefunden. Wie in der gesamten Region hat das Zechensterben auch hier nicht halt gemacht: 1968 machte die **Zeche Alte Haase** in Sprockhövel ihre Tore dicht. Bald darauf erreichen

Die Auffahrt zur Rheinischen Bahn

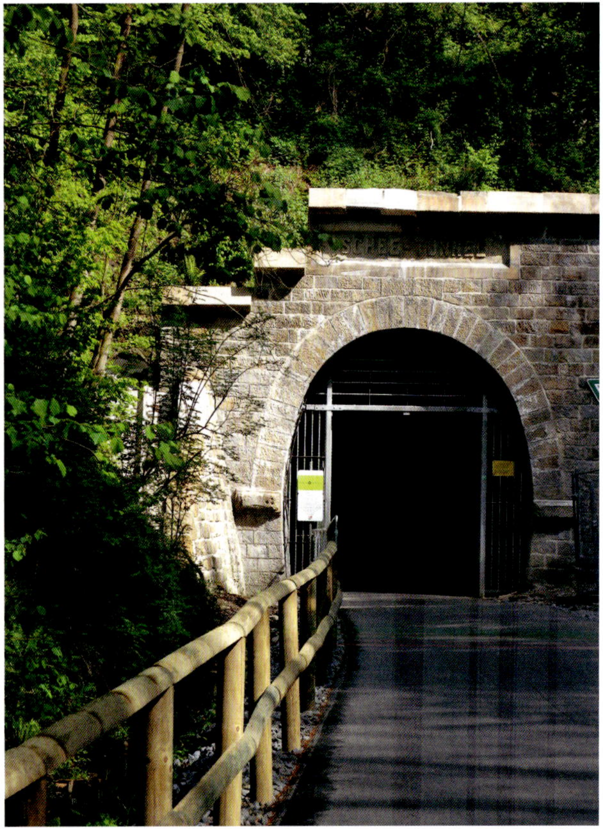

Der Tunnel Schee

wir das Gelände auf dem sich einst die Zeche Frosch befand, eine der ältesten Kohleförderstellen in der Geschichte des Bergbaus. Von 1650 bis 1833 wurde an dieser Stelle sehr profitabel das schwarze Gold gefördert. Die Flöze lagen nicht weit unter der Erde und so konnten die Kumpel die Kohle im Tagebau gewinnen. Wir radeln weiter bergauf, streifen die Ortschaft **Bossel**, die ebenfalls vom Bergbau geprägt war. Nun sind wir fast auf dem Scheitelpunkt der Tour angekommen. Bald erreichen wir den kleinen Ort **Schacht Hövel**. Wer möchte, fährt in den Ort hinein und besucht das ehemalige Maschinenhaus der Zeche Herzkämper Mulde, das allerdings nur von außen zu besichtigen ist. Wenige Meter weiter stehen wir an der Verzweigung der ehemaligen Bahnstrecke. Vom Bahnhof Schee aus sind die Züge nicht nur nach Hattingen im Norden, sondern auch nach Silschede in Richtung Osten abgezweigt. Wir radeln hier geradeaus weiter zum **Bahnhof Schee** und werden dort großzügig um diesen ehemaligen Bahnhof herumgeleitet, da er sich in Privatbesitz befindet. Wir fahren nun auf die Trasse zurück. Eine kleine Raststation mit Hinweistafeln taucht auf, die uns die Geschichte des Bahnhofs ein wenig näher bringen. Wir verlassen nun auch gleichzeitig den Bereich der Rheinischen Bahn und befinden uns auf der Trasse der Nordbahn. Wir radeln auf den **Tunnel Schee** zu. 722 schöne dunkle Meter durchfahren wir und kommen abgekühlt auf der Wuppertaler

Seite wieder heraus. Wir haben die Stadtgrenze über-, einen Golfplatz und die A 46 unterfahren. Leicht bergab rollen wir auf einen wunderbar wiederhergerichteten Bahnhof zu: **Wuppertal-Nächstebreck**. Nach etwa 350 Metern folgt das nächste Glanzlicht auf der Strecke, die **Brücke Bracken**, errichtet im Frühjahr 2015. Diese Brücke ist im sächsischen Meißen gebaut worden und alles andere als aus Porzellan: Eine bunt gestaltete Stahlbrücke macht uns den Weg nach Wuppertal frei. Nun folgt ein Highlight auf das andere. Zunächst erreichen wir das Dolinengelände **Im Hölken**, ein kleines erhaltenswertes **Naturschutzgebiet**, das bei Wanderern sehr beliebt ist. Dolinen sind trichterförmige Vertiefungen im Erdboden, die durch Lösung von kalkhaltigen Gesteinen entstehen. Es folgt die **Brücke Kohlenstraße** und kurz dahinter der tiefe Felseinschnitt **Bramdelle**. Mit seinen knapp 800 Metern Länge und einer Höhe von etwa 28 Metern brauchte es sicher eine enorme Anstrengung, soviel Gestein wegzuschaffen. Nun wird der Weg ein wenig eng, wir müssen auf dem Radweg neben dem Parkplatz weiterfahren. Eine Ampel müssen wir überqueren und schon radeln wir wieder ungestört auf der Trasse. Wir treffen auf das ehemalige Gelände des Bahnhofs Wichlinghausen. Eigentlich nichts Besonderes mag man vermuten, aber es gab doch etwas ganz Eigentümliches: Die Anlieferung per Bahn für die Seifenfabrik Luhns, die es hier früher links gab, erfolgte im fünf-

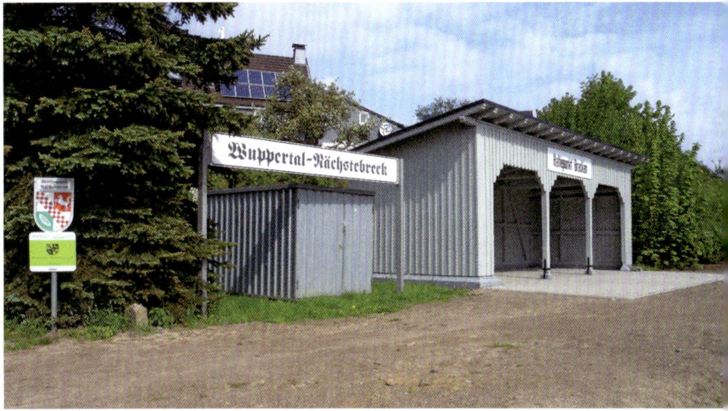

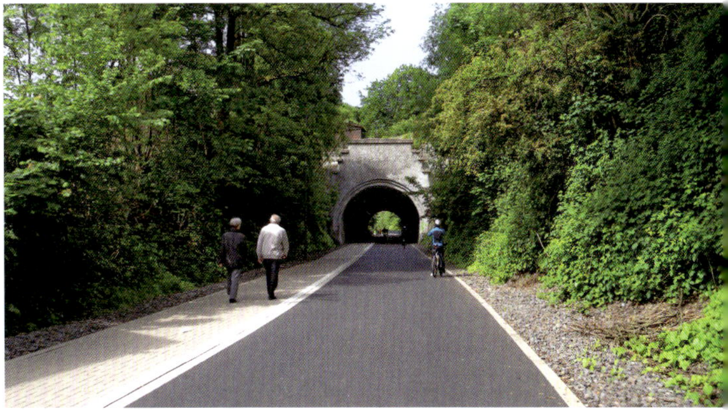

Haltepunkt Wuppertal-Nächstebreck (o.), Auf zum nächsten Tunnel! (u.)

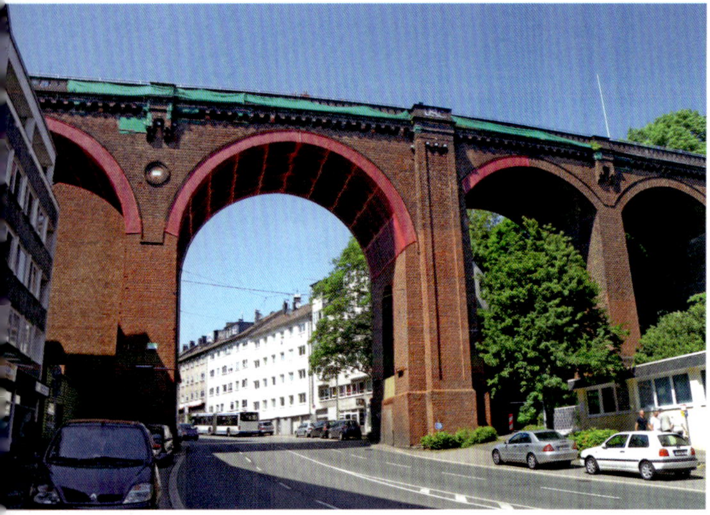

ten Stock der Firma. Dies war nur möglich, weil sich der Bahnhof weit oberhalb des Fabrikgeländes befand. Wir fahren weiter und überfahren bald das **Wichlinghauser Viadukt** mit einer Länge von 150 und einer Höhe von 15 Metern. Wenige Meter weiter folgt das **Bartholomäus-Viadukt** mit einer Länge von 186 Metern. Beide Brücken, die im Jahr 1879 errichtet wurden, stehen wegen ihrer besonderen Bauweise seit 1991 unter Denkmalschutz. Es folgt der **Tunnel Fatloh** und das **Viadukt Westkotten**. Wir radeln weiter und kommen zum größten Viadukt auf der Strecke: Das **Kuhler Viadukt** mit 280 Meter Länge ist sehenswert. Wer möchte, biegt am Zufahrtsweg kurz vor dem Viadukt von der Strecke ab und sieht sich das imposante Bauwerk von der Seite an. Der **Tunnel Rott** lässt nicht lange auf sich warten und ist mit 351 Metern schnell durchfahren. Jetzt können wir erst einmal einige Zeit entspannt radeln ohne genau auf Sehenswertes entlang der Strecke achten zu müssen. Wer hier noch einen Stopp im historischen Zentrum von **Wuppertal** einlegen und sich das sehenswerte **Museum Engels-Haus** ansehen möchte fährt von der Trasse hinunter und bergab in die Stadt. Dem Museum, das sich dem Werk Friedrich Engels widmet, ist auch das **Museum für Frühindustrialisierung** angeschlossen. Ein lohnenswerter Abstecher!

Nach einigen Minuten im Sattel überfahren wir die Brücke über die Schwesterstraße. Diese Brücke ist etwas Besonderes, denn von unten erkennen wir dicke Lego-Steine. Die **Lego-Brücke** wurde von Martin Heuwold entworfen und mit zahlreichen Preisen ausgezeichnet.

Der **Tunnel Engelnberg**, der bald folgt, ist wie alle anderen Tunnel mit modernen LED-Lampen beleuchtet. Nach 171 Metern ist er durchfahren und wir radeln immer weiter auf der Trasse geradeaus. Wir erreichen den **Mirker Bahnhof**, der heute bei Radlern als Rastplatz sehr beleibt ist. Als Zentrum für „visionäre Ideen“ und „kreative Stadtentwicklung“ ist

Mehrere Viadukte stehen mitten in Wuppertal

der Bahnhof auch unter dem Namen **Utopiastadt** bekannt. Hier bietet sich im **Café Hutmacher** auch eine nette Einkehrmöglichkeit. Wir durchqueren bei der Weiterfahrt den **Tunnel Dorrenberg** und nicht weit von hier stehen wir am ehemaligen **Bahnhof Wuppertal-Ottenbruch**. Ein letzter Tunnel auf unserer Fahrt, der **Dorptunnel**, taucht uns in buntes Licht. Nach 488 Metern ist es vorbei und der siebte Tunnel auf der Tour wurde durchfahren. Wir passieren den alten **Bahnhof Varresbeck** und einige kleine Rastplätze, dann entdecken wir den großen Kugelgasbehälter, ein Gasbehälter der Stadtwerke Wuppertal, links neben der Strecke. Er war bis Mitte der 1980er-Jahre mit einem Außendurchmesser von über 47 Metern und einem Volumen von über 270.000 Kubikmeter der größte seiner Art in Europa. Nun biegt die Strecke in südlicher Richtung ab, um kurz danach am Hohmanndamm zu enden. Wir halten uns rechts und fahren bis zur Kreuzung. Dort lenken wir unsere Räder links über die Brücke über die bestehenden Gleise und biegen dahinter sofort rechts auf den Weg ein. Geradeaus kommen wir zum Bahnhof nach **Wuppertal-Vohwinkel**. Wer genau hinsieht erkennt die Wegweiser zu den beiden anderen Bahntrassenradwegen, die Korkenzieher- und die Niederbergbahn. Nun können wir uns entscheiden: Entweder weiterfahren auf eine der beiden Trassen oder mit dem Zug die Heimreise antreten. Die Qual der Wahl!

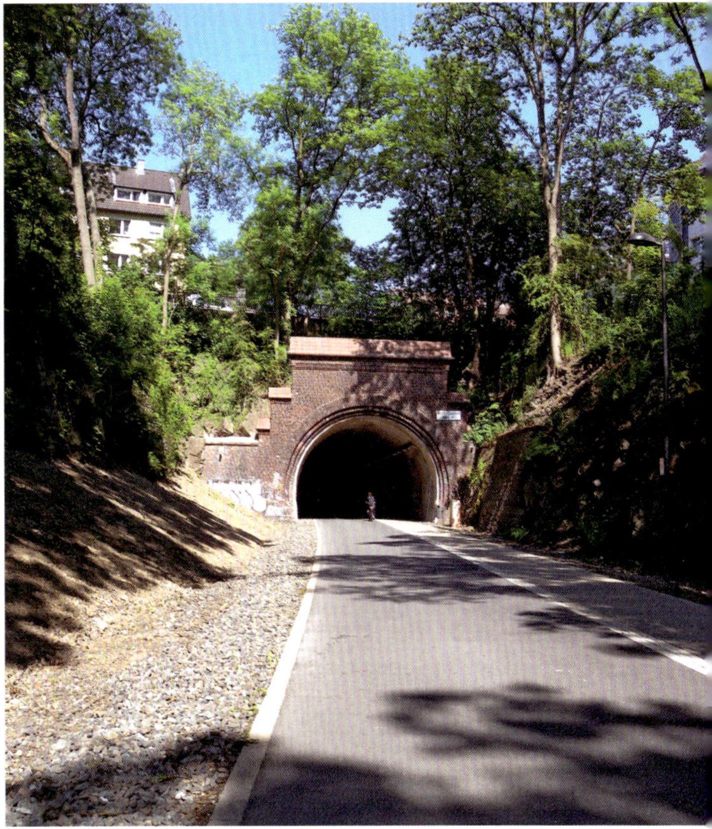

Und schon wieder ein Tunnel!

Am Bahnhof **links←** zur Bruchstraße fahren; **rechts→** auf Bruchstraße und hinter Kreisverkehr **geradeaus↑** weiter; fast am Ende der Straße **links←** auf Radweg lenken (rote Schilder); dann **rechts→** und kurz darauf **links←** auf Goethestraße; am Ende **links←** auf Lessingstraße; zweite Straße **rechts→** in Schillerstraße einbiegen; am Ende **links←** auf Südring und am Ende **rechts→** auf die Grünstraße fahren; **links←** auf die Trasse radeln; **geradeaus↑** auf der Trasse bis **Bahnhof Schee**; um den Bahnhof herum fahren (rote Schilder); **geradeaus↑** bis **Wuppertal-Nächstebreck** und auf den Radweg fahren; die Straße Vor der Beule mit Hilfe der Ampel überqueren und **geradeaus↑** bis Am Diek; **geradeaus↑** und wieder auf die Trasse zurück; an der Luhnsstraße Links-rechts-Kurve und auf die Trasse fahren; **geradeaus↑** bis zum Ende der Trasse; **rechts→** auf Hohmanndamm und **rechts→** halten über Herderstraße über die Brücke; hinter der Brücke **rechts→** auf den Radweg; über den Parkplatz zum Bahnhof.

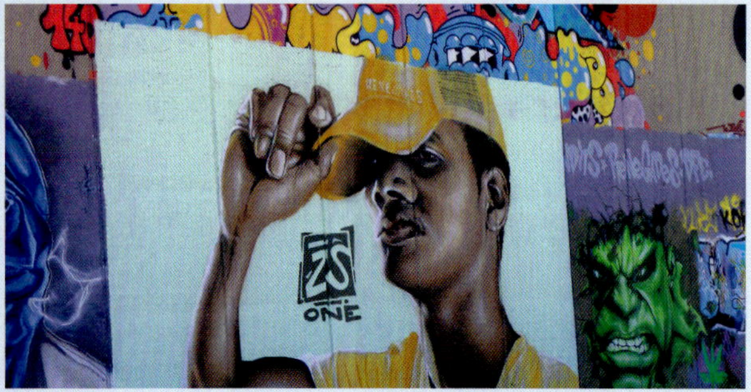

Spray-Kunst an der Bahntrasse

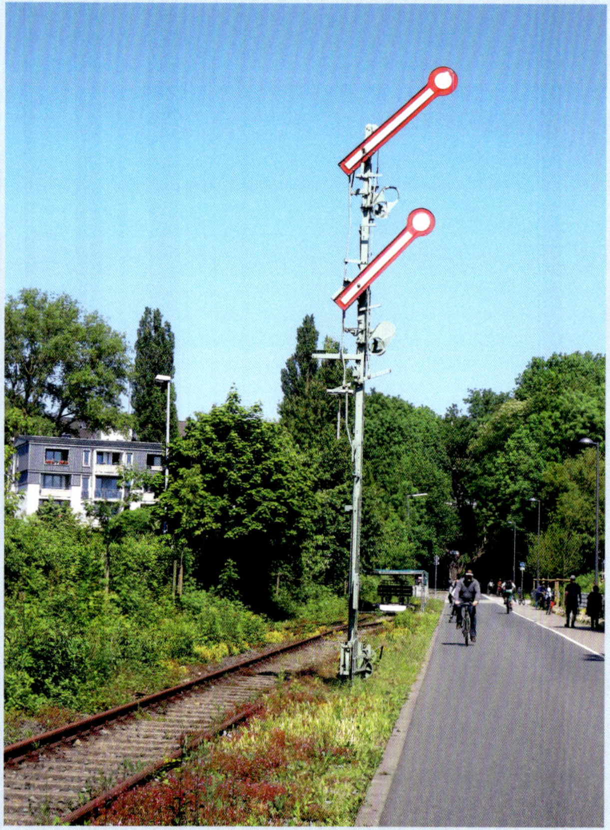

Zahlreiche Relikte der ehemaligen Bahnstrecke sind stehen geblieben.

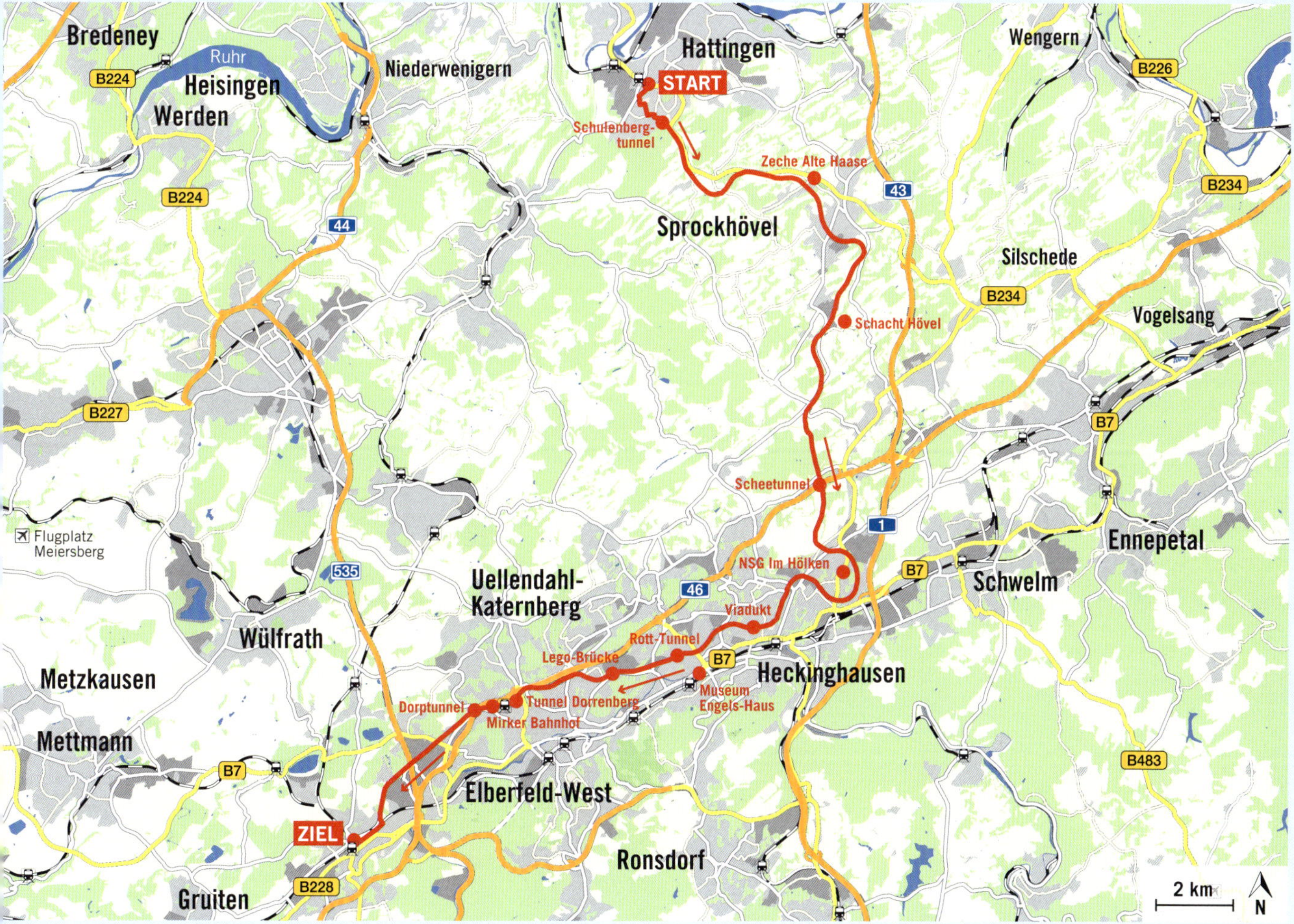

GPS-Daten zur Tour 9 abrufbar unter www.bachem.de

Tourismus-Informationen

Wuppertal Touristik
Kirchstraße 16
42103 Wuppertal
Tel. 0202/5 63 22 70
www.wuppertal.de

Nordbahntrasse
www.nordbahntrasse.de

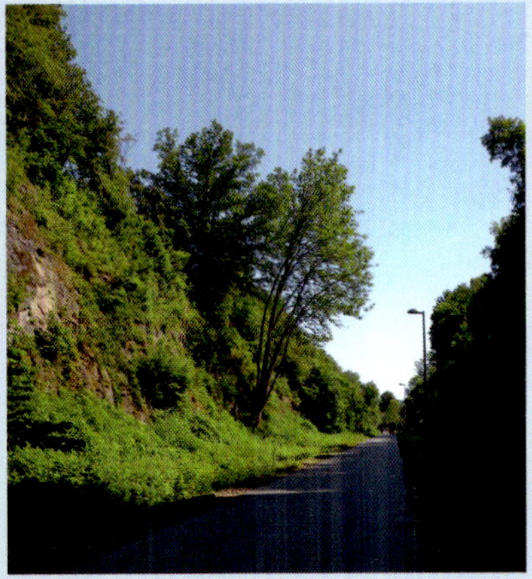

In der Bramdelle

Museen und Sehenswürdigkeiten

Engels-Haus
Museum für Frühindustrialisierung
Engelsstraße 10
42283 Wuppertal
Tel. 0202/5 63 64 98
www.friedrich-engels-haus.de

Einkehrmöglichkeiten

Café Hutmacher
Bahnhof Wuppertal-Mirke
Mirker Straße 48
42105 Wuppertal
Tel. 0202/27 25 97 27

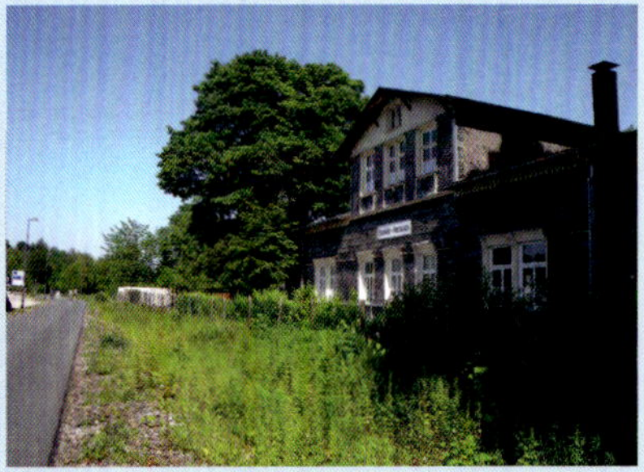

Der alte Bahnhof Elberfeld-Varresbeck

Fahrradservice

Fahrräder Hecken
Steinhagen 14
45525 Hattingen
Tel. 02324/6 86 80 73
www.fahrraeder-hecken.de

Radfinesse
Haspeler Straße 10
42285 Wuppertal
Tel. 0202/8 15 12
www.radfinesse.de

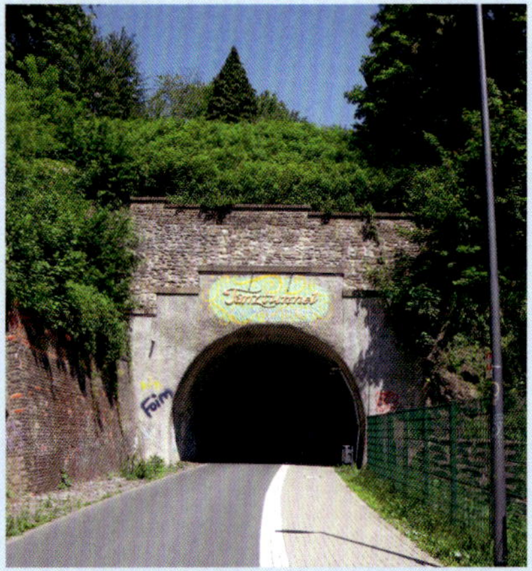

Der Tanztunnel

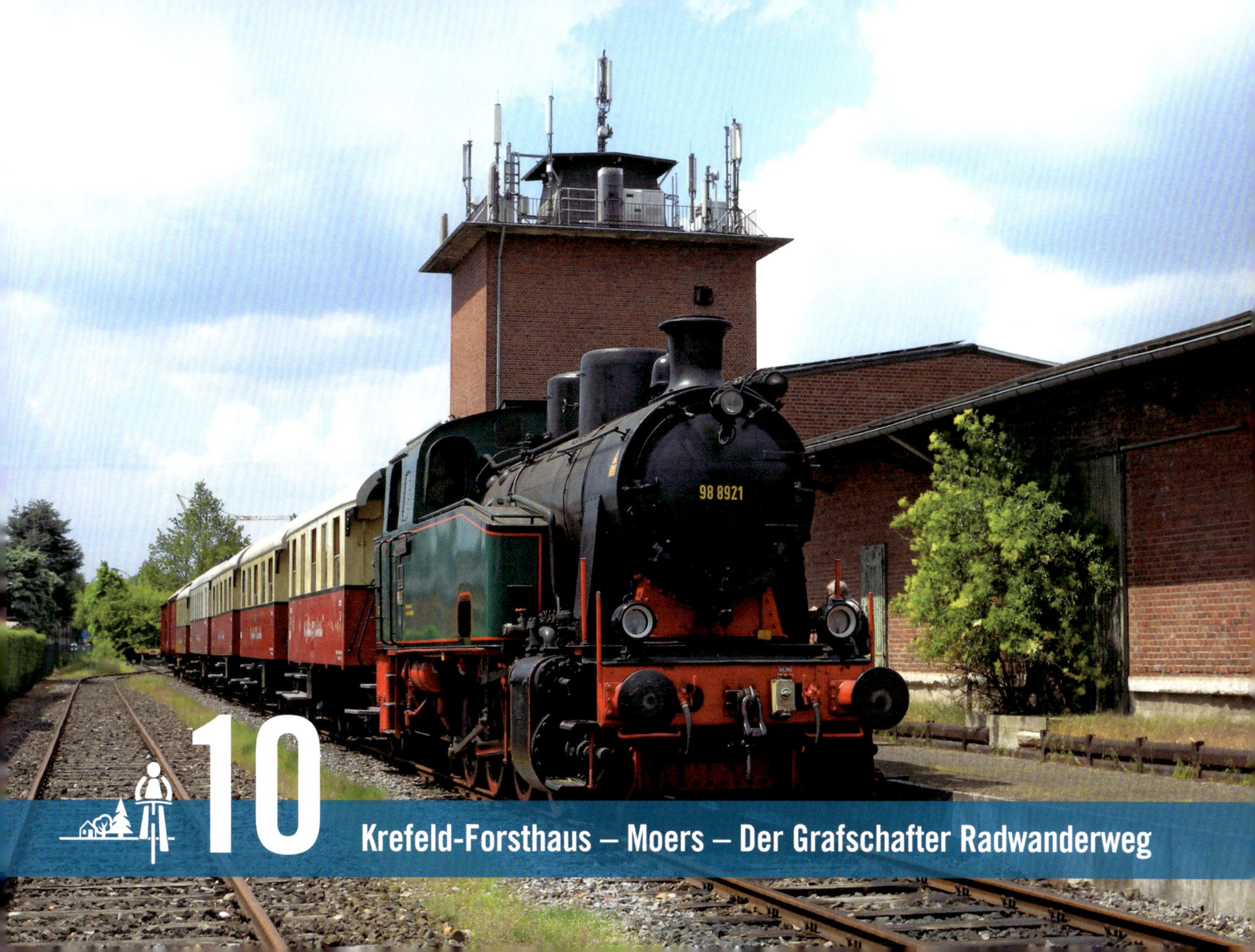

10 Krefeld-Forsthaus – Moers – Der Grafschafter Radwanderweg

10 Krefeld-Forsthaus – Moers

Der Grafschafter Radwanderweg

AUF EINEN BLICK

Start: Bahnhof Krefeld-Forsthaus

Anfahrt: (Bahn) mit den Linien RE 1und RB 33, (Pkw) A 44, Ausfahrt 23 oder 25

Ziel: Bahnhof Moers

Sehenswürdigkeiten: historischer Zug „Schluff" und Bahnhof St. Tönis, Nordbahnhof, Schloss Lauersfort, Freizeitprak Moers, Grafschafter Museum im Schloss Moers

Einkehrmöglichkeiten: Akropolis Zum Schluff in Tönisvorst, Nordbahnhof in Krefeld, China-Garten in Neunkirchen-Vlyun

Länge der Strecke: 30 km

Schwierigkeitsgrad: leicht

Wegbeschaffenheit: gute, asphaltierte Wege, teils Schotterwege

Beschilderung: NRW-Radverkehrsnetz

GPS-Daten zur Tour 10 abrufbar unter www.bachem.de

Vorherige Seite: Bahnhof St. Tönis mit dem „Schluff"

Diese familienfreundliche Tour führt uns durch den linken Niederrhein und bietet jede Menge Abwechslung. Liebhaber von historischen Bahnen sind auf dieser Tour genau richtig aufgehoben, denn man kann das erste Teilstück der Strecke mit einer Bahnfahrt im historischem „Schluff" überbrücken und im Anschluss die Tour auf der Bahntrasse fortsetzen. So lernen wir den Niederrhein kennen, der so flach ist, dass die Leute heute schon wissen, wer morgen zu Besuch kommt.

Start der Tour ist der Bahnhof Krefeld-Forsthaus, von dort folgen wir den roten Radverkehrsschildern Richtung Tönisvorst. Wir befinden uns am Rand der grünen Lunge von Krefeld, dem Forstwald, der gern von Joggern

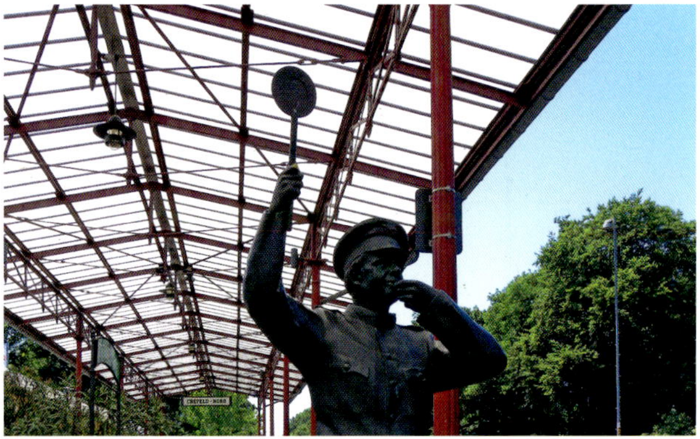

Am Nordbahnhof Krefeld

und Spaziergängern frequentiert wird. Wir achten auf den regen Verkehr und radeln vorsichtig neben der Bahnlinie entlang. Am Ende des Wegs fahren wir links auf dem Radweg weiter bis zur Ampel. Wir überqueren die Straße und lassen uns nach wenigen hundert Metern von den roten Schildern rechts über die Straße leiten. Zwischen der Siedlung und den Feldern geht es einige Zeit auf unbefestigtem Weg bis zur nächsten Abzweigung. Wir fahren links auf der Benrader Straße weiter und kommen am Ende der Straße an eine Rad- und Fußgängerampel, die wir nutzen, um auf die gegenüberliegende Seite zu gelangen. Wir radeln auf dem letzten Stück der Benrader Straße und biegen dann links auf den Maysweg ein. Nach etwa 300 Metern erkennen wir rechts den **alten Bahnhof** von **St. Tönis**. Wir können unsere Fahrt von hier bis zum Hülser Berg in Krefeld überbrücken, indem wir uns in den „**Schluff**“ setzen, der allerdings nur sonntags fährt. Es ist die liebevolle Bezeichnung für den Zug, der hier zwischen den genannten Stationen pendelt, Fahrradmitnahme inklusive. Diese alte Bahnverbindung von Moers nach Viersen (siehe Tour 11) wurde in den 1880er-Jahren errichtet und bereits gegen 1950 stillgelegt. Die beiden ehemaligen Bahntrassen, die heute mit dem Rad zu befahren sind, liegen westlich und östlich der Schlufflinie. Wir fahren heute den östlichen Abschnitt, den sogenannten Grafschafter Radwanderweg. Bevor wir jedoch an den ausgebauten Abschnitt gelangen, müssen wir die Fahrt mit dem Rad über Straßen, Radwege oder per Bahn überbrücken.

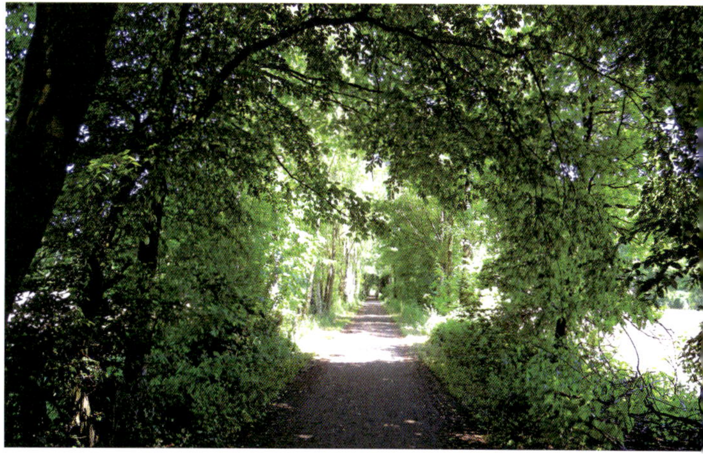

Die Fahrt mit der Bahn ist besonders für Kinder und Fans von Dampflokomotiven spektakulär. Los geht die Fahrt am Bahnhof St. Tönis, der nächste Halt ist Krefeld-Nord. Dieser wiederhergerichtete Bahnhof gibt den alten Charme der einstigen Bahn wieder. Nach einigen Minuten Aufenthalt raucht und zischt der Zug weiter in Richtung Krefeld-Hüls. Auch hier ein kurzer Halt und weiter geht es zum Hülser Berg, der Endstation. Nach einem etwa 30-minütigen

Schattenspendende Bahntrasse

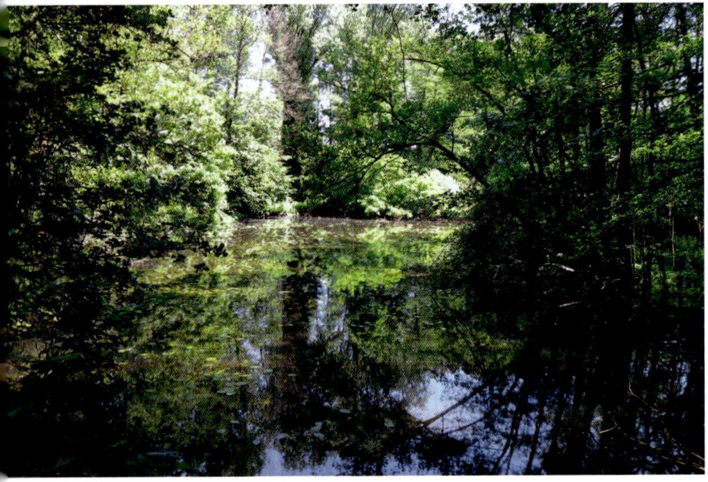

Niepkuhlen – das Gewässer gehört zum System Altrheinrinne

Stopp fährt die Bahn wieder nach St. Tönis zurück. Hier kann man nach Belieben kombinieren, die komplette Strecke mit dem Zug fahren und dann auf der Bahntrasse weiterradeln oder nur Teilstücke mit der Bahn zurücklegen. Am historischen Bahnhof St. Tönis können wir uns vor der Fahrt im griechischen **Restaurant Akropolis Zum Schluff** noch etwas stärken.

Per Rad geht es ab dem Bahnhof St. Tönis weiter auf der Benrader Straße bis zur Kreuzung. Wir biegen rechts auf die Willicher Straße ein und folgen dem kommenden Rechtsknick und bleiben auf dem Radweg, der in die Krefelder Straße mündet. Immer geradeaus radeln wir auf dem Radweg aus der Stadt hinaus und erreichen Krefeld. Hinter dem Straßenbahndepot kommen wir zur Kreuzung St. Töniser Straße/Weeserweg und überqueren mit Hilfe der Ampel links die Straße. Einige Meter geradeaus im SWK-Gebäude können wir einen Abstecher zur **Historischen Verkehrsmittelschau Krefeld** unternehmen. Die Dauerausstellung beschäftigt sich unter anderem mit der Geschichte der Krefelder Eisenbahn, die im Volksmund auch „Schluff" genannt wird. Wieder an der Straße angelangt stoßen wir dort auf den Weeserweg. Gleich in die erste Straße rechts, der Fürstenbergstraße, biegen wir ein, halten uns bald links und es geht in die Peter-Lauten-Straße hinein. Unter der Bahnunterführung radeln wir hindurch und in den nächsten Weg biegen wir links ein. Wir fahren eine Links-rechts-Kurve und gelangen auf einen Radweg. Bei der nächsten Möglichkeit radeln wir rechts weiter und fahren auf eine Schrebergartensiedlung zu. Wir kommen auf die Ottostraße und radeln weiter bis zur kommenden Kreuzung. Wir überqueren die Straße und fahren auf der Straße Am Eisstadion weiter. Diese macht im weiteren Verlauf einen Links-rechts-Knick, dem wir folgen. An der nächsten Kreuzung ist ein wenig Vorsicht geboten, denn hier ist oft viel Verkehr. Wenn der KEV (Krefelder Eislauf Verein), die Krefelder Pinguine, hier spielen, ist noch mehr los, aber mit dem Rad kommt man immer durch. Wir fahren rechts auf dem Radweg weiter, der von der Westparkstraße begleitet wird und radeln bis zur kommenden Ampel. Wir überqueren zuerst die Straße und ordnen uns auf der gegenüberliegenden Seite als Linksabbieger ein. So kommen wir leichter auf den Preußenring. Nach etwa 300 Metern befindet sich links der **Nordbahnhof**. Hier bietet die **Gaststätte Nordbahnhof** eine schöne Einkehrmöglichkeit.

Weiter geht die Fahrt auf dem Preußenring. Die Straße beschreibt eine leichte Rechtskurve, bald dahinter wechseln wir per Radampel auf die linke Seite. Auf der Geldernsche Straße geht es weiter bis zum Ende, dann biegen wir rechts auf die Straße Girmesgath ab und rollen bis zur Ampel. Im leichten Links-Rechts-Bogen überqueren wir die Hülser Straße und radeln auf der Straße An der Pauluskirche weiter. Leicht bergab rollen wir zur nächsten Straße, die wir an der Ampel überqueren. Auf dem Wilmendyk geht es weiter bis zum Ende der Straße. Wir halten uns links zur Straße Breitendyk und radeln halb rechts weiter zur Straße Hökendyk. Ohne Autoverkehr führt uns die Strecke nun weiter und wir gelangen an eine Pfostensperre. Dort radeln wir leicht links in den Waldweg hinein und nach wenigen Metern geht es wiederum nach links. Am Ende des Wegs halten wir uns halb links und gelangen so an die Kreuzung

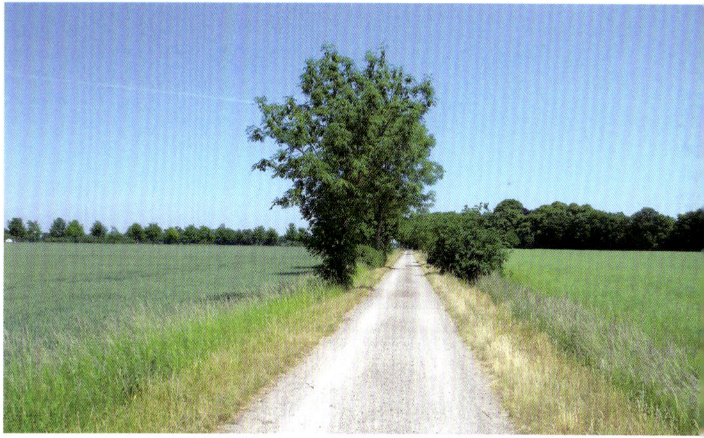

Langen Dyk/Flünnertzdyk. Wir überqueren die Straße und fahren auf autofreier Strecke weiter in den Wald hinein. Links durch das Dickicht erkennt man eine Erhebung: es ist der **Kapuzinerberg**, der aus einer ehemaligen Müllhalde entstanden ist. Einige hundert Meter rechts des Wegs befindet sich die zweite und höchste Erhebung Krefelds: der 87 Meter hohe **Inrather Berg**. Hier liegt der Schutt des Zweiten Weltkriegs, heute ist die Anhöhe begrünt und besteigbar.

Wir radeln bis zu einer weiteren Pfostensperre und fahren auf der Straße Vobis weiter. An deren Ende halten wir uns rechts, ein Radweg befindet sich auf der linken Seite, und biegen

Zwischen Niep und Kapellen

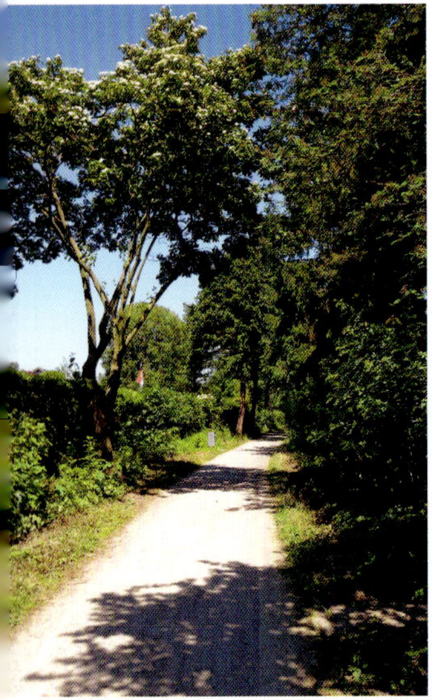

bei der nächsten Möglichkeit links in Richtung Wald ab. An der Kreuzung radeln wir rechts und fahren auf den **Hülser Berg** zu, das Naherholungsgebiet für Krefeld und Umgebung. An der Gabelung halten wir uns links und gelangen zum **Wildgehege**. Hier geht es links bis zum Ende des Wegs. Wir überqueren den Hohlweg und fahren geradeaus in den Talring hinein. Rechts taucht ein alter Steinbruch auf und wenig weiter das **Krefelder Umweltzentrum**, das 1991 vom NABU auf dem ehemaligen Gelände der Krefelder Betonfabrik gegründet wurde. Für Schüler und Kinder werden Kurse zu Umweltthemen aller Art angeboten. Wir überqueren die Schienen, halten uns zweimal rechts und kommen an die Endstation des Schluffs. Hier gibt es wiederum zwei Möglichkeiten: Entweder fahren wir von hier aus zurück nach St. Tönis mit dem Zug oder wir radeln weiter auf der Trasse nach Moers.

Wenn wir uns fürs Weiterradeln entscheiden, fahren wir links neben den Schienen auf den Grafschafter Radweg, kommen so auf die Trasse und radeln dann autofrei durch die Felder. Wir überqueren ein paar Straßen und kommen an den **Bahnhof Niep**, in dem heute das **Restaurant China-Garten** seine Speisen anbietet. Bei der Überquerung der Krefelder Straße erkennen wir rechts ein kleines Gewässer. Dieses ist Teil einer circa 12 Kilometer langen Altstromrinne des Rheins, die in der vorletzten Eiszeit entstand. Die Tümpel und Seen stehen unter Naturschutz und sie bilden ein Biotop für zahlreiche Pflanzen und Tiere. Wir radeln weiter zwischen den Feldern und fahren auf Kapellen zu. Zwischen dem letzten Bahnhof in Niep und Kapellen bestand bis vor einigen Jahren eine kleine Haltestelle mit dem Namen Silbersee. In **Kapellen** überqueren wir die Bahnhofstraße und fahren leicht rechts versetzt weiter. Auch hier suchen wir vergeblich den ehemaligen Bahnhof. Durch den Autobahnbau wurde die Strecke unterbrochen und wir radeln den roten Schildern bezeihungsweise den roten Pfeilen nach. Nach Unterquerung der Autobahn lenken wir sofort links und fahren dort weiter. Rechts von uns befindet sich das Gelände von **Schloss Lauersfort**. Die ältesten Teile stammen aus dem 14. Jahrhundert. Leider ist dieses schöne Schloss nur von außen zu besichtigen, da es sich in Privatbesitz befindet. Wir fahren um das Gelände herum und kommen bald nach **Holderberg**, überqueren einige Straßen und radeln weiter durch die Felder. Nach wenigen hundert

Hier lässt es sich schön radeln.

Metern schwenken wir leicht links auf den Radweg neben der Straße, unterqueren die A 40 und treffen auf den **Freizeitpark Moers**.

Neben einem großen Freizeitbad, einem Natursee, Fußball- und Tennisplätzen bietet der Park einen sehr großen Spielplatz für Kinder. Gleich nebenan finden wir den japanischen Garten und einen Streichelzoo.

An der Ampel überqueren wir die Venloer Straße, halten uns halb rechts und fahren links auf der Trasse weiter. Zwischen den Gärten radeln wir weiter und überqueren nacheinander die Wörth- und Kaiserstraße, dann Im Ohl und die Uerdinger Straße. An der kommenden Kreuzung überqueren wir vorsichtig die Xantener Straße und kommen an die Essenberger Straße, die wir wiederrum überqueren. Die Homberger Straße ist die letzte Straße die wir überqueren, dann stehen wir am Bahnhof Moers. Wer noch einen kleinen Stadtbummel machen möchte, hält sich an die roten Verkehrsschilder in Richtung Stadtmitte. Neben der attraktiven Innenstadt lockt der Schlosspark mit dem sehenswerten **Schloss Moers**. Das Wasserschloss war einst der Sitz der Grafen von Moers und ist einer der ältesten erhaltenen rheinischen Ringburganlagen des Hochmittelalters. Heute beherbergt es das **Grafschafter Museum**, das neben der Geschichte des Schlosses auch Einblicke in die Alltagskultur der Region gewährt. Es war ein schöner Tag am Niederrhein!

Vom Bahnhof die Räder zum Bellenweg schieben; unser Weg führt neben dem Wald in östliche Richtung, auf Hinweise Richtung St. Tönis und Schilder mit dem grün-blauen Bahnsignet achten; **geradeaus↑** bis zur Kreuzung und **links←** über die Schienen fahren; bei der Ampel den Hochbendweg überqueren; nach knapp 200 Metern vorsichtig die Straße **rechts→** überqueren und in den unbefestigten Weg fahren; an der kommenden Kreuzung **links←** auf die Benrader Straße lenken und bis zur Stoppstraße vorfahren; mit Hilfe der Ampel (linke Seite) die Straße überqueren und **geradeaus↑** weiter; am Ende **links←** auf Benrader Straße weiter bis zum Bahnhof bzw. zur Straßenbahnhaltestelle.

Abkürzung: mit dem Schluff (Fahrplan siehe: Freizeiteinrichtungen) nach Krefeld Hülser Berg fahren und dort weiter auf der Trasse nach Moers.

Weiter bis zur Kreuzung und **rechts→** auf Willicher Straße; **rechts→** auf der Vorfahrtstraße und **geradeaus↑** auf Radweg bis Krefeld; nach etwa drei Kilometern **links←** in den Weeserweg (rote Pfeile) einbiegen und bald

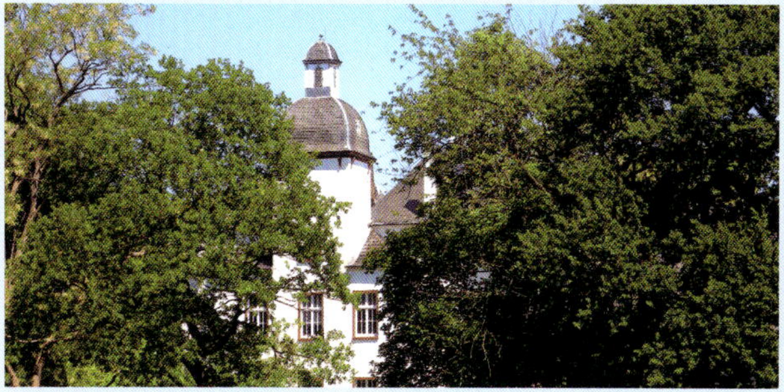

Schloss Lauersfort

rechts→ auf Fürstenbergstraße weiter; **links←** auf Peter-Lauten-Straße und hinter Bahnunterführung **links←** auf den Weg lenken; nächste Kreuzung **rechts→** und auf die Ottostraße fahren; bis zur Kreuzung und die Kempener Allee überqueren und auf Am Eisstadion weiter **geradeaus↑**; Links-rechts-Kurve, bis zur Kreuzung und **rechts→** auf die Westparkstraße (Radweg); bis zur großen Kreuzung vorfahren (Bahnübergang Schluff); die Kreuzung überqueren und dort **links←** auf dem Preußenring weiter; nach ca. 300 Metern liegt der **Nordbahnhof** **links←** von uns.

Abkürzung: Ab hier kann die Tour mit der Bahn abgekürzt werden in Richtung **Hülser Berg**.

Weiter **geradeaus↑** bis zur Ampel (Fahrradampel benutzen) und **links←** auf die Geldernsche Straße; bis zum Ende durchfahren und hinter dem Moritzplatz **rechts→** zur Ampel; **halb links↖**, dann **rechts→** halten und auf An der Pauluskirche weiter; Ampel überqueren und auf Wilmendyk **geradeaus↑** bis zum Ende der Straße; **links←** auf Breitendyk wechseln; **halb rechts↗** halten auf Hökendyk und bis zum Ende durchfahren (Sperrung für Kraftverkehr); **halb links↖** in den Wald radeln und **links←** auf dem Radweg weiter; bis zum Ende des Radwegs fahren und am Ende die Straße Flünnertzdyk überqueren; **geradeaus↑** in Langen Dyk fahren (für Kraftverkehr gesperrt); **geradeaus↑** bis zum Ende und **halb rechts↗** auf der Straße Vobis weiter, am Ende die Straße überqueren und auf dem Radweg **rechts→** weiter; in den nächsten Weg **links←** einbiegen und die nächste Straße **rechts→** in Richtung Wald nehmen; am Waldrand **links←** dem Weg folgen und am Gehege **links←** weiter; am Ende des Wegs **halb links↖** den Hohlweg queren und **geradeaus↑** auf dem Talring weiter; **geradeaus↑** auf der Straße, die Schienen überqueren und in die nächste Straße **rechts→** einbiegen; vor den Schienen und dem Bahnhof **links←** auf den Weg lenken (Grafschafter Rad-und Wanderweg); **halb rechts↗**, dann **links←** fahren und auf der Trasse immer **geradeaus↑** weiter; in Kapellen **rechts→** auf die Bahnhofstraße wechseln, bald **links←** die Straße überqueren und weiter den roten Pfeilen folgen; um den kleinen Park herum und bis zur Lauersforter Straße fahren; **links←** auf den Radweg unter der A 57 hindurch und direkt dahinter **links←** in den schmalen Weg lenken; am Ende des Wegs **rechts→** auf die Trasse zurück; **geradeaus↑** bis zum vorläufigen Ende der ausgebauten Trasse und auf den Radweg neben der Filder Straße weiter; unter der A 40 hindurch und bis zur Ampel; die Venloer Straße überqueren, sofort **rechts→** und dann **links←** auf die Trasse zurück; **geradeaus↑** auf der Trasse bis zur Homberger Straße; die Straße überqueren; **halb rechts↗** liegt nun der Bahnhof der Stadt Moers.

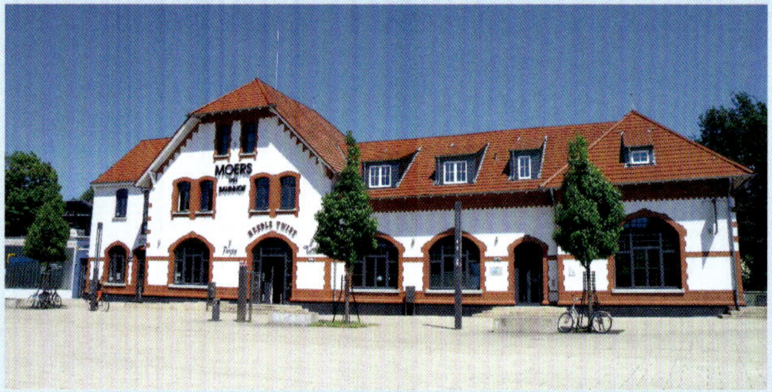

Der Bahnhof in Moers

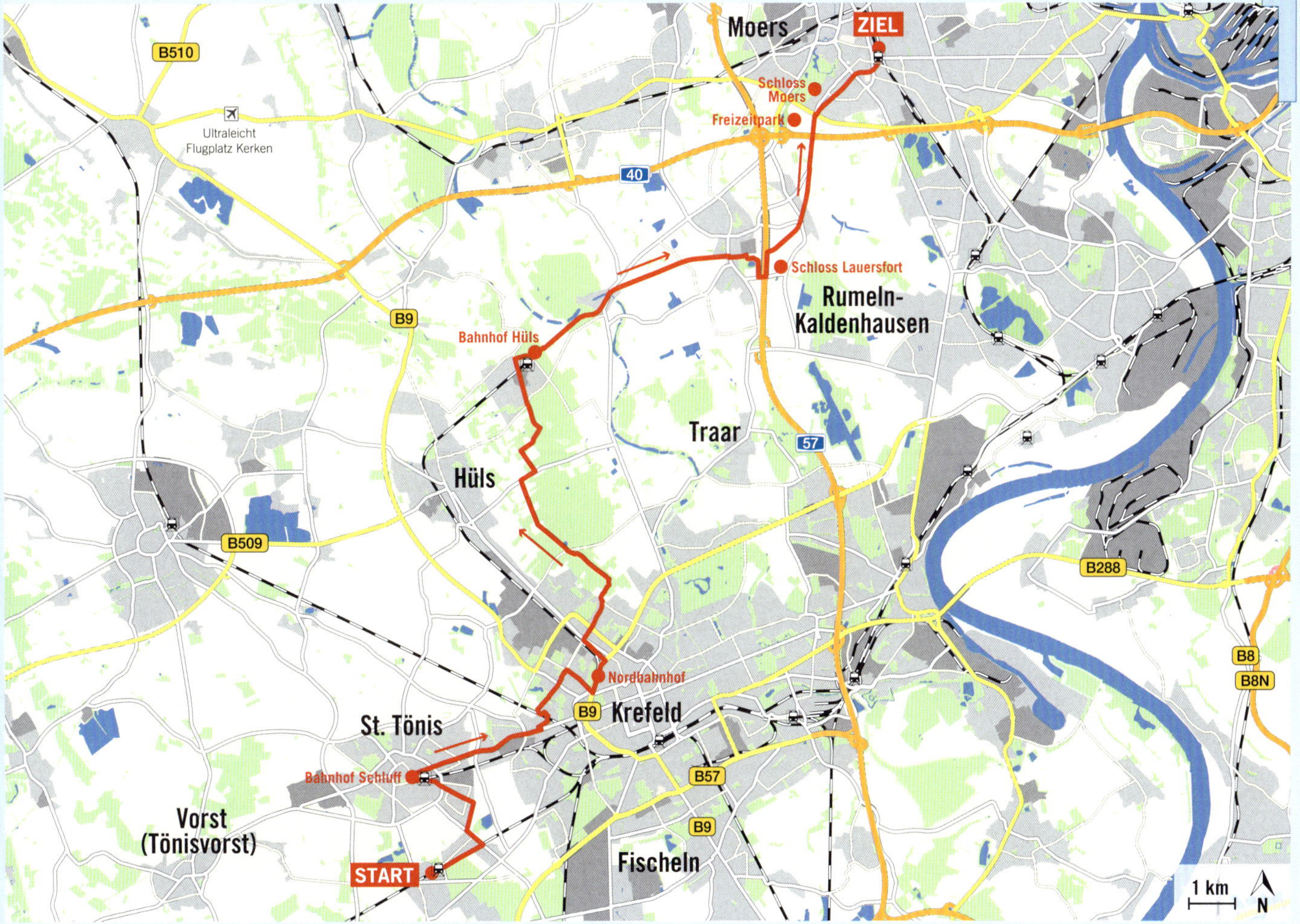

GPS-Daten zur Tour 10 abrufbar unter www.bachem.de

Tourismus-Informationen

Stadtinformation Moers
Kirchstraße 27a/b
47441 Moers
Tel. 02841/88 22 60
www.moers.de

Museen und Sehenswürdigkeiten

Historische Verkehrsmittelschau Krefeld
St. Töniser Straße 124
47798 Krefeld
Tel. 02151/98 44 82
www.swk.de
Öffnungszeiten: jeden 2. Sonntag im Monat, 10–13 Uhr

Grafschafter Museum im Moerser Schloss
Kastell 9
47441 Moers
Tel. 02841/88 15 10
www.moers.de

Einkehrmöglichkeiten

Akropolis Zum Schluff
Wilhelmplatz 13
47918 Tönisvorst
Tel. 02151/79 70 30
www.akropolistövo.de

Nordbahnhof
Oranierring 91
47798 Krefeld
Tel. 02151/6 74 44
www.nordbahnhof.de

China-Garten Restaurant
Krefelder Straße 405
47506 Neukirchen-Vluyn
Tel. 02845/29 86 68

Freizeiteinrichtungen und Besonderheiten

Fahrplan Schluff
www.schluff-krefeld.de

Fahrradservice

2-Rad Nettelbeck
Krefelder Straße 92
47918 Tönisvorst
Tel. 02151/79 05 63
www.zweirad-nettelbeck.de

Radsport Mölls
Bahnhofstraße 4
47447 Moers-Kapellen
Tel. 02841/53 74 88
www.radsport-moells.de

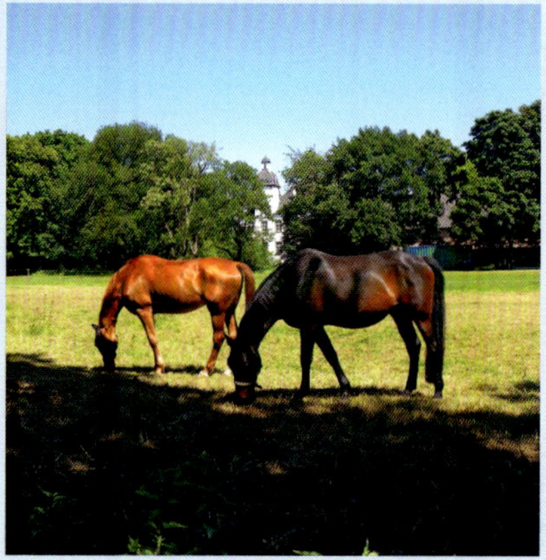

Pferde vor Schloss Lauersfort

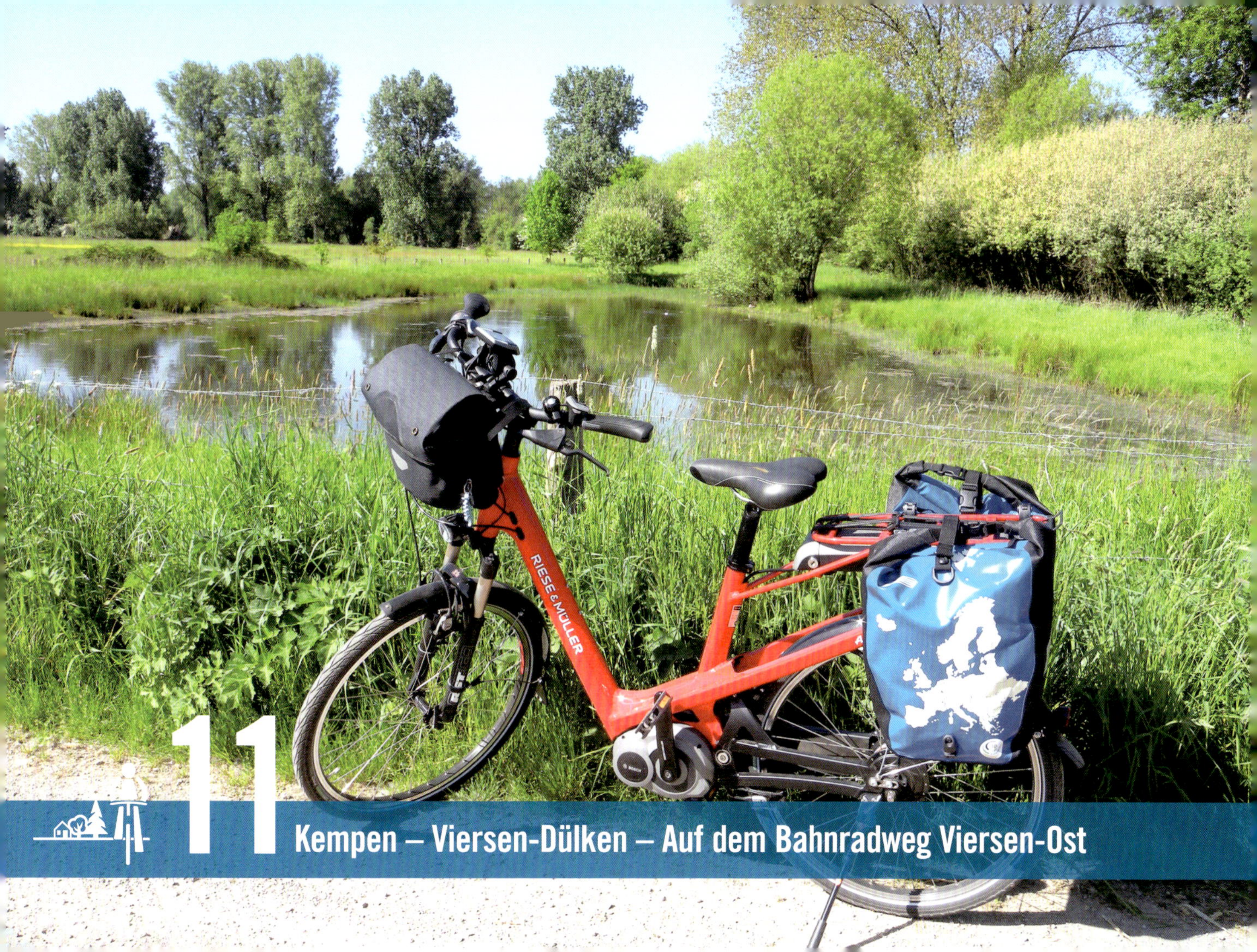

11 Kempen – Viersen-Dülken – Auf dem Bahnradweg Viersen-Ost

11

AUF EINEN BLICK

Kempen – Viersen-Dülken

Auf dem Bahnradweg Viersen-Ost

Start: Bahnhof Kempen

Anfahrt: (Bahn) mit der Linie RE 10, (Pkw) A 40, Ausfahrt 5 oder A 44, Ausfahrt 23

Ziel: Bahnhof Viersen-Dülken

Sehenswürdigkeiten: Städtisches Kramer-Museum in Kempen, Burg Uda, Erlebnisbrücke am Nordkanal, Narrenmühle

Einkehrmöglichkeiten: Akropolis Zum Schluff in Tönisvorst

Länge der Strecke: 53 km

Schwierigkeitsgrad: mittel

Wegbeschaffenheit: asphaltierte Wege, teils unbefestigte Wege

Beschilderung: Bahnradweg Kreis-Viersen, NRW-Radverkehrsnetz

GPS-Daten zur Tour 11 abrufbar unter www.bachem.de

Heute radeln wir auf dem neuen Bahnradweg Viersen. Er ist aus mehreren alten Bahntrassen am Niederrhein entstanden. Aus der schönen Stadt Kempen führt die Tour über die Niersauen bis in die Apfelstadt Tönisvorst. In Willich führt eine Trasse an den Rand von Mönchengladbach. In Viersen fahren wir durch die Stadt, bestaunen den Nordkanal, ein Werk Napoleons und zum Ende der Tour treffen wir auf die Narrenmühle in Dülken. Hier am Niederrhein radeln wir nach Zahlen, denn seit 2015 gibt es hier ein Knotenpunktsystem.

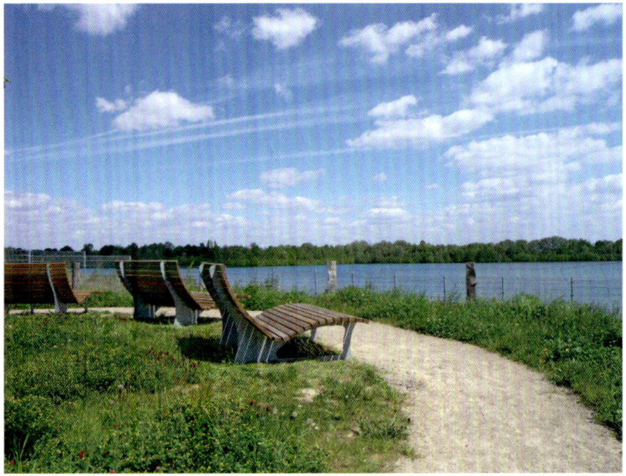

Vorherige Seite: Naturteich in der Nähe der Niers

Aussichtspunkt am Baggerloch

Wir starten vor dem Bahnhof Kempen am Knotenpunkt (KP) 11 und orientieren uns in Richtung KP 9. Geradeaus befindet sich das **Städtische Kramer-Museum** und **Museum für Niederrheinische Sakralkunst**, das in der barocken Anlage des ehemaligen Franziskanerklosters untergebracht ist. Das Museum basiert unter anderem auf der Privatsammlung des Restaurators Konrad Kramer, daher der Name.

Wir achten auf unserer Tour auch auf das stilisierte Signet unter den roten Radverkehrsschildern. Es ist in Grün-Blau gehalten und zeigt eine Bahnschwelle in Bogenform und das Logo des Kreises Viersen. Los geht es an der Straße Am Bahnhof. An der Stoppstraße lenken wir links und vor den Bahnschienen sofort rechts auf den Radweg. Nun befinden wir uns schon auf der ehemaligen Bahntrasse Richtung Grefrath. Wir kreuzen einige Straßen, die teils mit Ampel gesichert sind. An der Vorster Straße führt die Trasse zwar auch geradeaus, wir aber halten uns links in Richtung KP 9 und folgen dem Bahntrassen-Signet. Die ehemalige Strecke teilte sich in Höhe St. Töniser Straße, die mit einer Ampelanlage gesichert ist, in zwei Stränge: Einer führte nach Grefrath und Kaldenkirchen (Tour 12) und unsere heutige Strecke nach Oedt und Süchteln.

Die Rheinische Eisenbahngesellschaft baute um 1868 die Strecken von Kempen nach Kaldenkirchen beziehungsweise Viersen. Bis in die 1970er-Jahre hinein wurden Personen und Güter transportiert. Teile der Strecke lagen viele Jahrzehnte brach und wurden erst vor kurzem als Radweg ausgebaut.

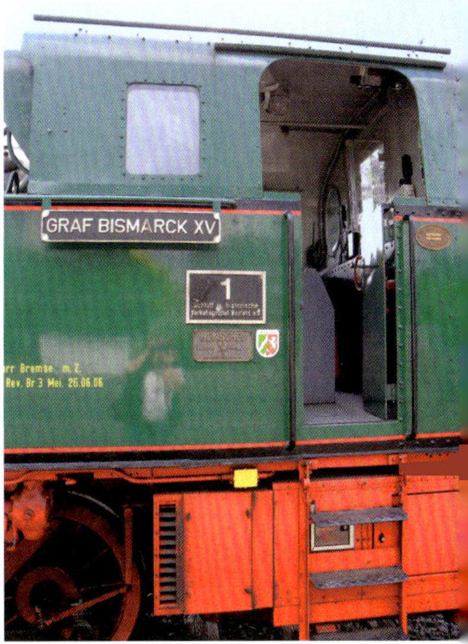

Nach circa 250 Metern erreichen wir den KP 9, biegen dort rechts auf die Trasse und folgen den Schildern in Richtung KP 4. Wir durchfahren jetzt eine schöne Allee mit hohen Bäumen, die nach dem Abriss der Gleise entstanden ist. 1100 Meter der alten Bahntrasse sind hier im Ortsteil **Kamperlinks** übrig geblieben. Wir radeln bis zum Ende der Trasse, fahren links auf die Oedter Straße und überqueren die Kreuzung. Für etwa 2,5 Kilometer bleiben wir nun auf dem Radweg neben der Straße. Die Trasse ist zwar nicht mehr erkennbar, aber sie befand sich links und rechts neben unserer Strecke. Wir kommen an den KP 4, fahren geradeaus zum KP 33, der schon nach wenigen Pedaltritten erreicht ist. Am KP 33 radeln wir links in die Straße Graverdyk

Graf Bismarck, der Schluff

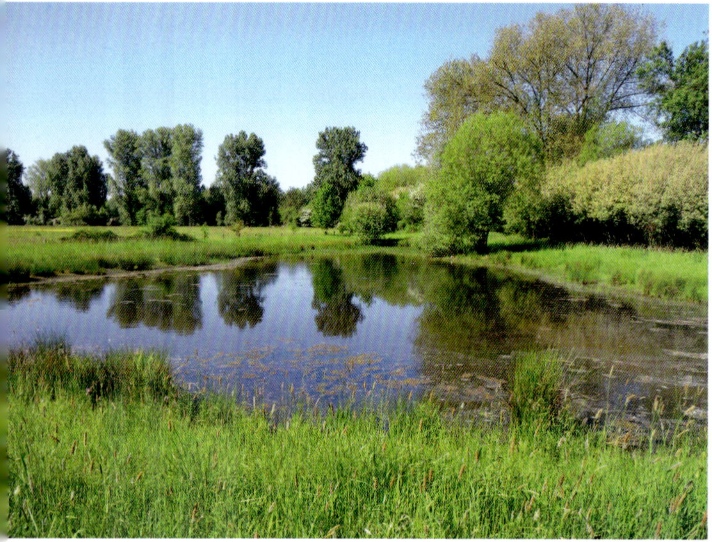

und fahren zum KP 58. Hinter den letzten Häusern lenken wir rechts wieder auf die Trasse und sind bald mitten in der Natur. Hier sind Wildgänse und Fischreiher keine Seltenheit. Ab und an fliegt mal ein Storch vorbei, um nach Kulinarischem Ausschau zu halten. Wir radeln weiter und kommen nach **Oedt**, einem kleinen Ortsteil von Grefrath mit eigenem Bahnhof. Die Bahntrasse ist überbaut worden und befand sich unter der jetzigen Amselstraße. An der kommenden Kreuzung machen wir einen Rechts-Links-Knick und fahren auf die Straße An der Kleinbahn. Links steht unverkennbar der alte **Bahnhof von Oedt**, der heute in Privatbesitz ist. Wir radeln bis zum Ende der Straße und biegen links auf die Niederstraße ab. An der Pfostensperre schlängeln wir uns um diese herum, halten uns rechts und fahren wieder auf den Trassenweg. Wir kreuzen einen Wassergraben und direkt dahinter ist der KP 58 erreicht.

In den Niersauen

Wer die **Burg Uda** besichtigen möchte, fährt rechts zum KP 34, dann sind es nur wenige hundert Meter bis zur Burgruine. Die Burg Uda wurde um das Jahr 1300 erbaut, heute steht nur noch einer der Rundtürme und einige Reste vom Fundament sind sichtbar. Der markante Turm macht die Burg zum Wahrzeichen von Oedt.

Nach der Burgbesichtigung halten wir uns weiter geradeaus und fahren zum KP 2. Wenig später kreuzen wir die Niers, der wir noch einige Male auf dieser Tour begegnen werden. Die alte Eisenbahnbrücke steht hier schon weit über hundert Jahre und wir dürfen darüber fahren. Die Niers entspringt bei Erkelenz und mündet nach circa 117 Kilometern in den Niederlanden in die Maas. Seit der Gewinnung der Braunkohle im Quellgebiet der Niers versiegte die Quelle und wird nur vom Wasser der Pumpen aus den Braunkohlenabbaugebieten gespeist. Im Sommer grüßen die Paddler auf der Niers. Einen weiteren kleinen Kanal, der zur Entwässerung dient, überqueren wir und nach einigen Metern stehen wir an der Oedter Straße. Die roten Schilder weisen uns den Weg nach links. Wir erreichen den KP 2, biegen links ab auf die Andreasstraße und radeln weiter in Richtung KP 35. Kurz vor dem KP 35 führt unser Weg links weiter zum KP 7. Wer eine **Abkürzung** nach Viersen nehmen möchte, fährt weiter geradeaus. Der Weg zum Bahnhof nach Viersen ist beschildert.

Wir radeln nun in östlicher Richtung durch die Felder und an zahlreichen Kopfweiden vorbei. Die uns schon bekannte Niers überqueren wir nochmals. Nach wenigen hundert Metern stehen wir schon am KP 7 und folgen den Wegweisern zum KP 79. Weiter führt uns die Strecke über die Felder und bis nach **Vorst**, einem Ortsteil von Tönisvorst. Wir passieren auf unserem Weg einige Drängelgitter, schlängeln uns um diese herum und radeln am KP 79 zum KP 77. Weiter geht die Fahrt durch Felder und vorbei an zahlreichen Obstplantagen. Nicht umsonst trägt Tönisvorst den Beinamen „Apfelstadt am Niederrhein". Wir durchfahren ein kleines Industriegebiet und stehen vorläufig am Ende der Bahnstrecke. Wir orientieren uns zum KP 16, fahren rechts zur Kreuzung, passieren die Ampel und radeln auf dem Radweg in den Ortsteil **St. Tönis**. Kurz hinter der Straße Am Wasserturm lenken wir halb rechts auf die alte Bahntrasse und bleiben dieser bis zum Bahnhof von St. Tönis treu. Dort können wir im griechischen **Restaurant Akropolis Zum Schluff** eine Pause einlegen. Am KP 16 halten wir Ausschau nach dem nächsten KP, der die Nummer 1 trägt. Zusätzlich zeigen uns immer wieder zwischendurch die roten Pfeile den Weg. Wir radeln um den Ort St. Tönis herum und kommen zum Ortsteil **Forstwald** in Krefeld. Am Waldrand erreichen wir den **Bahnhof Forsthaus**, hier besteht die Möglichkeit, die Tour zu verkürzen und auf die Bahn umzusteigen.

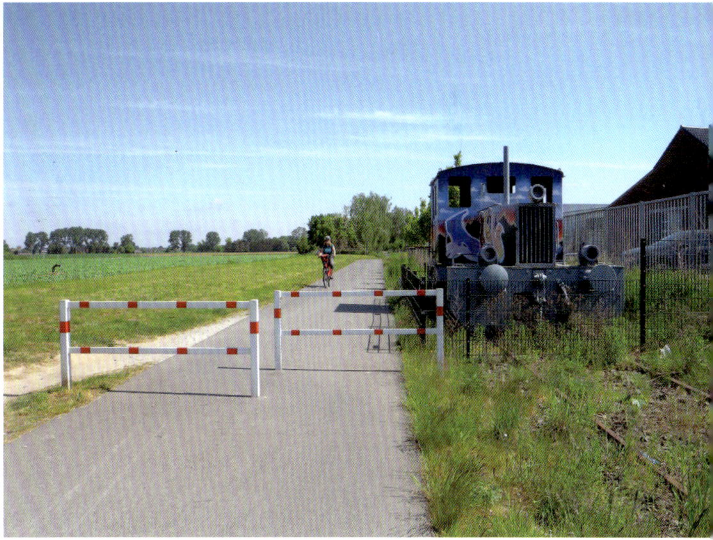

Alte Lok in Willich-Niederheide

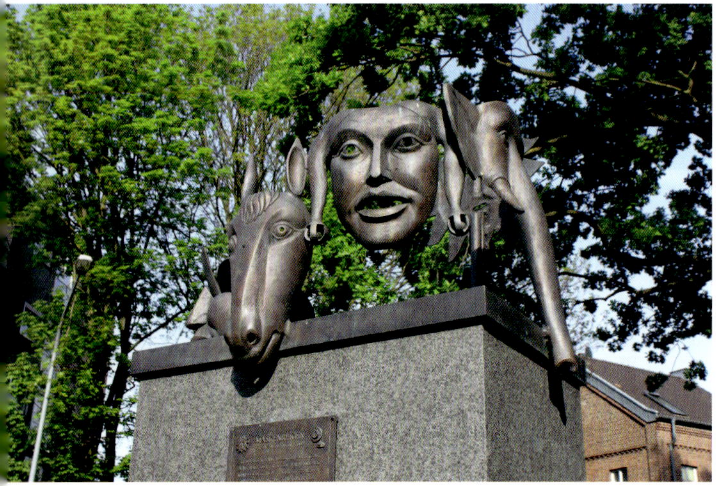

Die Strecke führt uns weiter durch ein kleines Waldstück und wir erreichen bald den KP 1. Dort halten wir uns links in Richtung KP 78. Zwischen einzelnen Häusern und kleinen Gehöften hindurch fahren wir in Richtung Willich zum nächsten Teilstück der Bahntrasse. Nach einigen gut markierten Richtungswechseln stehen wir an der Trasse, die von Krefeld kommend nach Mönchengladbach führte. Ab Willich ist diese Trasse als Radweg ausgebaut. Am KP 78 geht es geradeaus weiter zum KP 14. Links sehen wir den ehemaligen **Bahnhof von Willich**, der heute in Privatbesitz ist und deshalb nur von außen besichtigt werden kann. Ein Stück weiter auf der Trasse erkennen wir ein altes Stellwerk, das nach der Stilllegung veräußert wurde. Wir radeln gemütlich weiter, überqueren einige kleinere Straßen und kommen nach **Willich-Niederheide**. Damals gab es hier einen eigenen Bahn-Haltepunkt, später wurde dort als Erinnerung eine alte Lok abgestellt. Kurz darauf erreichen wir den KP 14, radeln weiter geradeaus zum KP 95 und unterqueren dabei zwei Autobahnen. Als Nächstes steuern wir vom KP 95 auf den KP 57 zu. In Höhe der Niers erkennen wir links die alten Eisenbahnbrücken über den Fluss. Wir lenken jedoch nach rechts und fahren weiter. Das merkwürdige Gebilde, das dort über den Fluss gespannt ist, ist die sogenannte Erlebnisbrücke. Hier kann man sich über die Seilbrücke im Handbetrieb von der einen zur anderen Seite befördern. Die Brücke erinnert an den „grand canal du nord", den **Nordkanal**. Ein nie fertiggestelltes Projekt Napoleons, der einen Kanal von Antwerpen zum Rhein bauen wollte. Teile des Nordkanals sind heute mit einem Radweg, dem „Fietskanal", erschlossen.

Nach einigen hundert Metern gelangen wir an einen Weg entlang des Waldrands, der damals gleichzeitig die Bahnstrecke bildete. Wir fahren einige Meter auf dem Waldweg, bevor wir wieder rechts abbiegen müssen. Wir halten uns an die Markierungen und radeln über die Felder, bis erneut ein

Masken bei der Narrenmühle

kleines Waldstück beginnt. Ohne es zu bemerken sind wir wieder auf der Trasse angelangt. Der KP 57 nähert sich und wir fahren dort weiter zum KP 23, der sich in der Nähe des Viersener Bahnhofs befindet. Hier gäbe es wiederum die Möglichkeit, die Tour abzukürzen und auf die Bahn umzusteigen.

Wir orientieren uns nun auf den KP 25, schlängeln uns unter der bestehenden Bahn hindurch und halten uns rechts zur Bahnhofstraße. An der kommenden großen Kreuzung benutzen wir die Ampeln und fahren links parallel zur Lindenstraße in die Innenstadt von **Viersen** hinein. Wir radeln vorbei an Polizei und Busbahnhof bis zur Remigiusstraße und biegen dort links ab. Bald geht es rechts in die Wilhelmstraße und bergan über die nächste Kreuzung hinweg. Nun stehen wir am KP 25 und radeln dann zum KP 54. Wir fahren hinauf auf die **Süchtelner Höhen**, mit 90 Metern über N.N. die höchste Erhebung im Kreis Viersen. Bald stehen wir auch schon am KP 54. Geradeaus führt der Weg zum KP 40 und KP 92, der sich am Ziel unserer Etappe befindet. An einigen Feldern entlang geht es auf der Höhe weiter bis nach **Viersen-Dülken**. Die roten Pfeile leiten uns durch wenig befahrene Straßen zum Bahnhof des Stadtteils. Lohnenswert ist hier der Besuch der **Narrenmühle**. Hierzu fahren wir nach links. An der Kreuzung mit der Rheindahlener Straße geht es rechts und bald sehen wir die

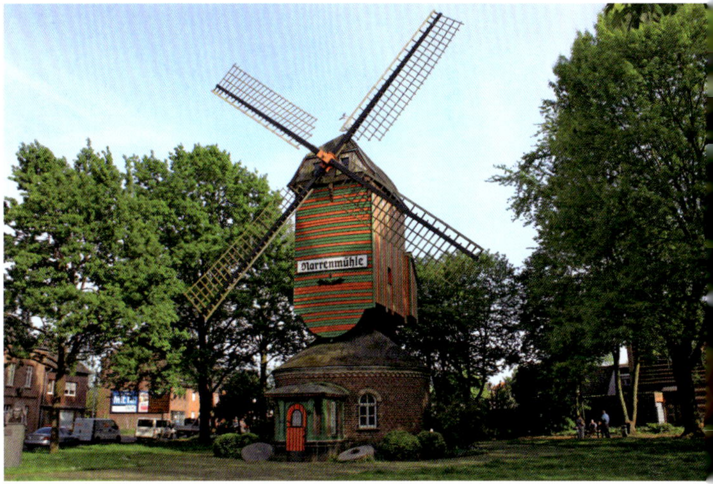

Narrenmühle auf der linken Seite. Die Mühle ist das Wahrzeichen von Dülken. Sie gehört zur Familie der Bockwindmühlen und ist 1809 erbaut worden. Sie wurde als Kornmühle eingesetzt und produzierte lange Jahre das Mehl für die ortsansässigen Bäcker. Seit 1950 ist sie in Besitz der Narrenakademie.

Wir können die Tour ausklingen lassen und mit dem Zug zum Ausgangspunkt zurückfahren oder wir bleiben eine Nacht hier und hängen morgen die Tour 12 hinten an. Eine schwere Entscheidung …

Die Narrenmühle in Viersen-Dülken

Vor dem Bahnhof in Kempen stehend Knotenpunkt (KP) 11 wenden wir uns nach **links←** zum Parkplatz; auf der Straße Am Bahnhof bis zur St. Huberter Straße fahren; **halb links↖** auf den Radweg radeln (KP 9); beim KP 9 auf der Trasse zum KP 4 fahren; beim KP 4 zum KP 33 radeln; beim KP 33 in Richtung KP 58; auf der Trasse bis **Oedt** fahren und weiter zum KP 58; beim KP 58 zum KP 2 radeln und beim KP 2 zum KP 35 und beim KP 35 leicht zurück zum KP 7; auf der Trasse bis **Tönisvorst** fahren; beim KP 7 auf die Beschilderung in Richtung KP 79 Ausschau halten und folgen; beim KP 79 zum KP 77 radeln; beim KP 77 zum KP 16 lenken; beim KP 16 am **Bahnhof Schluff** zum KP 1 fahren; beim KP 1 die Richtung zum KP 78 einschlagen; kurz vor dem KP 78 beginnt die Trasse in Willich; beim KP 78 zum KP 14 fahren und weiter zum KP 95; beim KP 95 zum KP 57 radeln; beim KP 57 in **Viersen** zum KP 23; beim KP 23 am **Bahnhof Viersen** zum KP 25 fahren und dort zum KP 54; beim KP 54 den Schildern zum KP 40 und 92 folgen. Dort liegt der **Bahnhof Viersen-Dülken**.

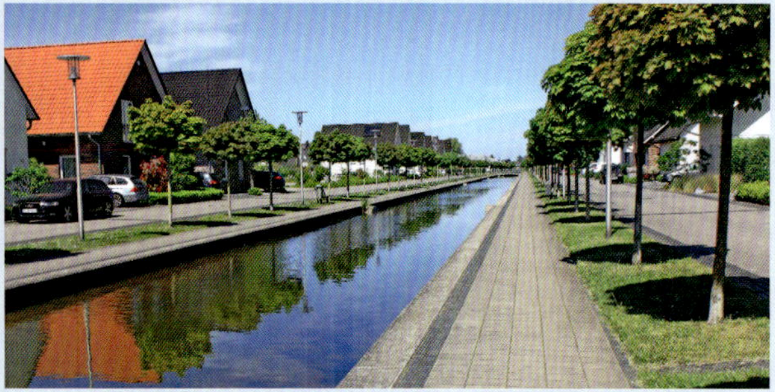

Der nachgebaute Nordkanal in Viersen

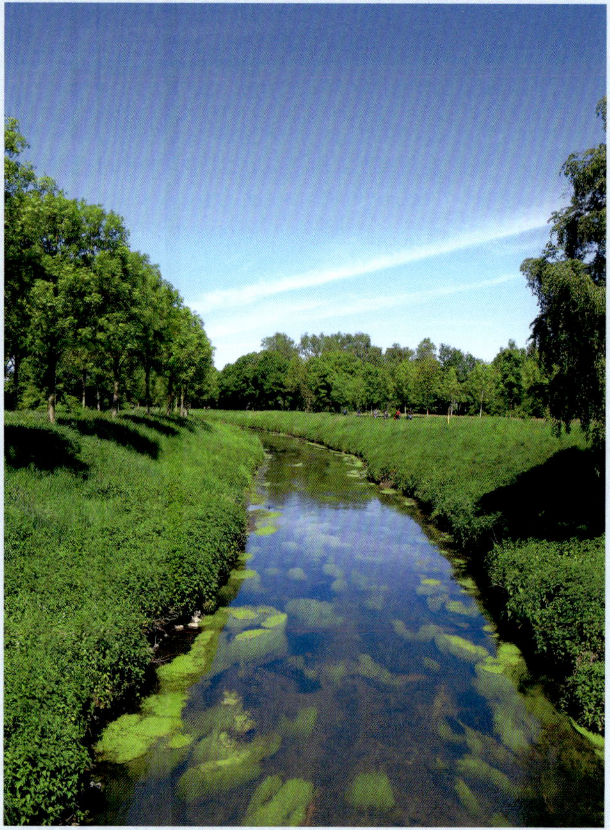

An der Niers

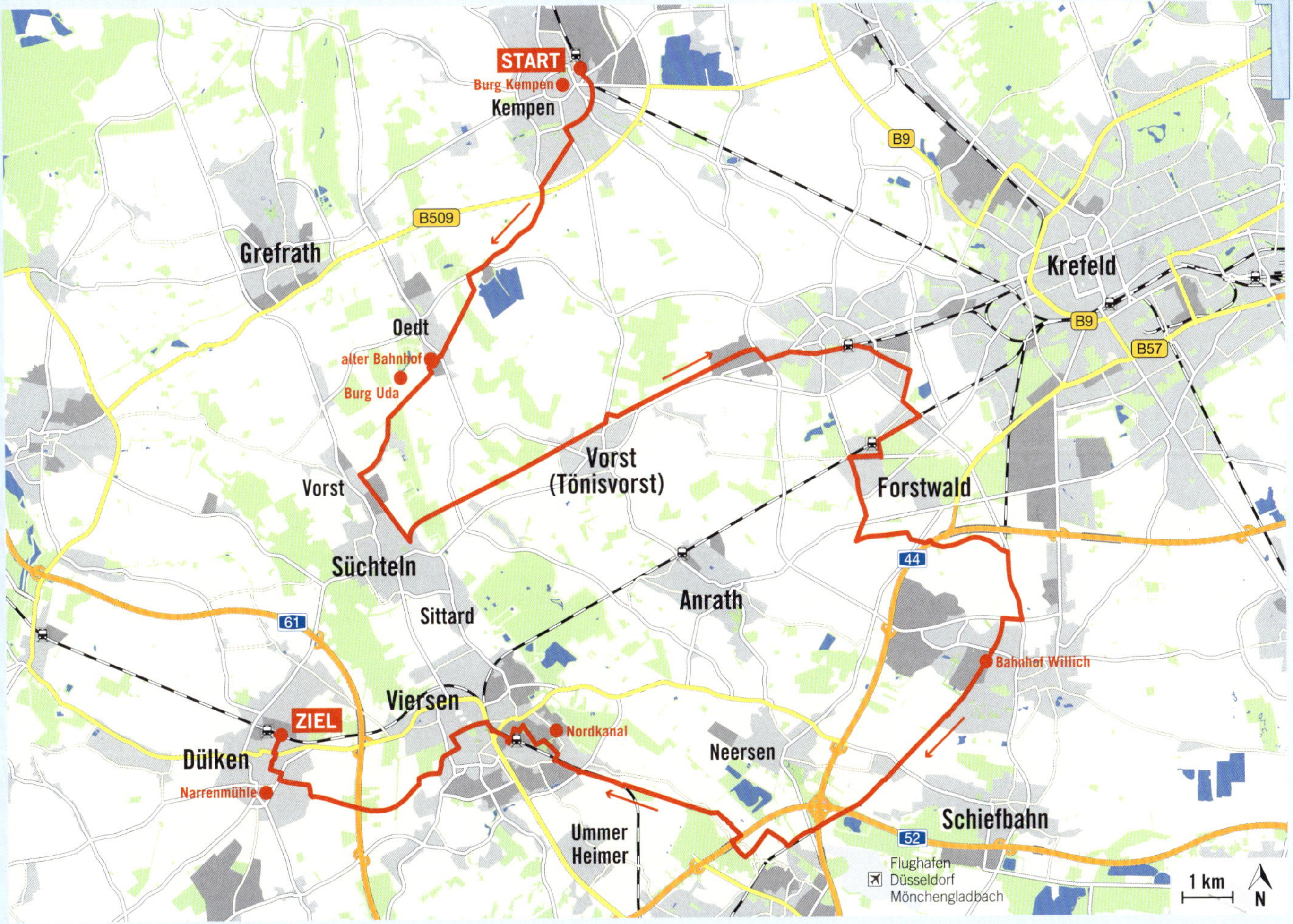

GPS-Daten zur Tour 11 abrufbar unter www.bachem.de

Tourismus-Informationen

Tourist-Info Viersen
Willy-Brandt-Ring 13
41747 Viersen
Tel. 02162/81 79 03
www.niederrhein-tourismus.de

Museen und Sehenswürdigkeiten

Städtisches Kramer Museum
Museum für Niederrheinische Sakralkunst
Burgstraße 19, 47906 Kempen
Tel. 02152/91 72 71
www.kempen.de

Burg Uda
Zur Burg Uda, 47929 Grefrath
Tel. 02158/63 15
www.heimatverein-oedt.de
Öffnungszeiten: So 11–17 Uhr

Museum Narrenmühle
Rheindahlener Straße
41751 Viersen-Dülken
www.narrenakademie.de
Öffnungszeiten: So 11–12 Uhr

Einkehrmöglichkeiten

Akropolis Zum Schluff
Wilhelmplatz 13
47918 Tönisvorst
Tel. 02151/79 70 30
www.akropolistövo.de

Fahrradadservice

Steinckes Radmarkt
Tönisvorster Straße 39
41749 Viersen-Süchteln
Tel. 02162/8 18 69 81
www.steinckes-radmarkt.de

Better Bikes
St. Töniser-Straße 1
47918 Tönisvorst
Tel. 02156/97 19 55
www.better-bikes.de

Fahrrad-Center Viersen
Viersener Straße 65
41741 Viersen-Dülken
Tel. 02162/81 80 44
www.fahrradcenter-viersen.de

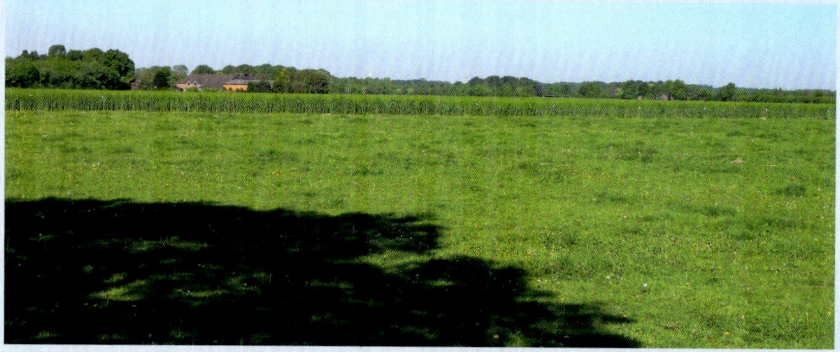

Schöne Aussicht am Niederrhein

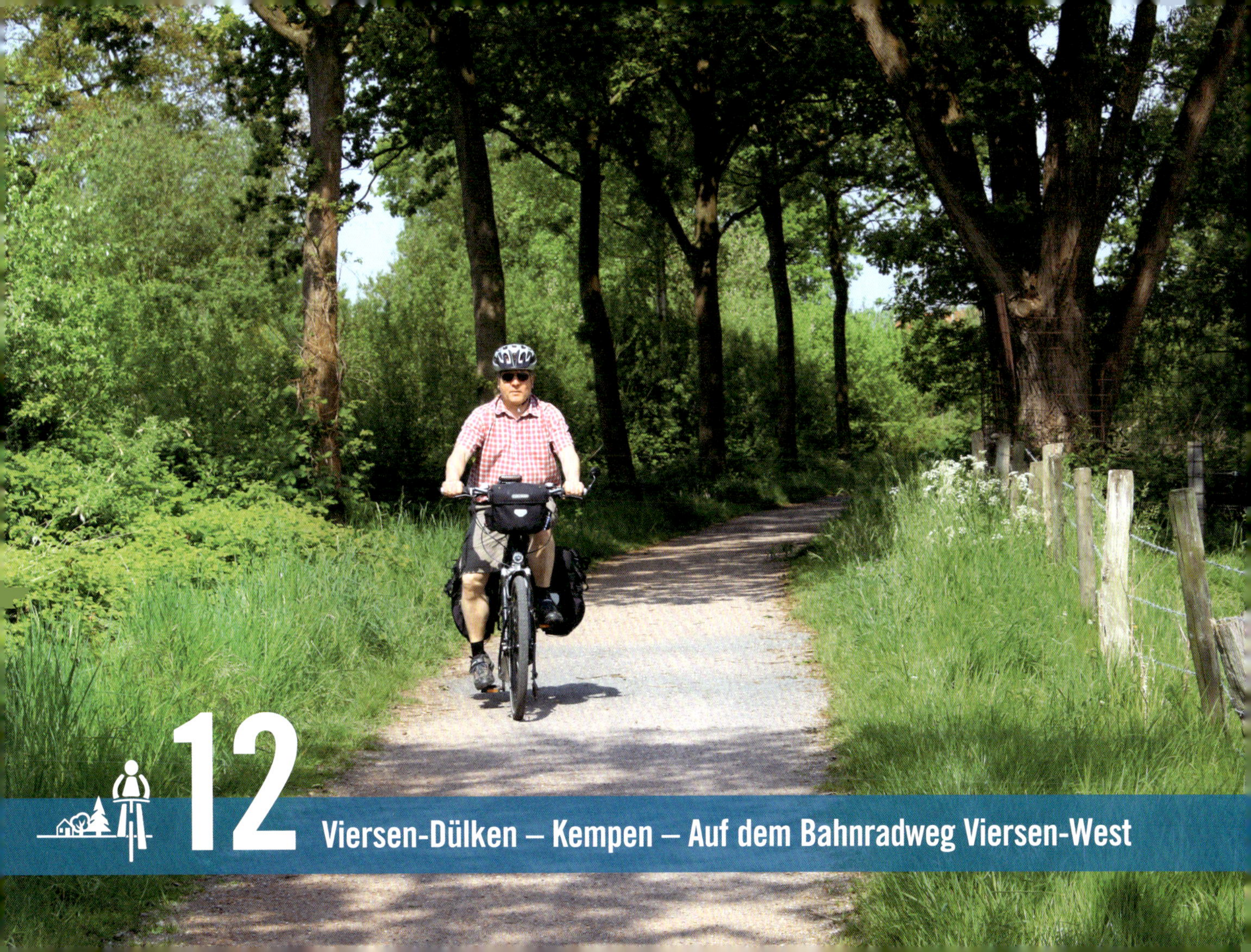

12 Viersen-Dülken – Kempen – Auf dem Bahnradweg Viersen-West

12 Viersen-Dülken – Kempen

Auf dem Bahnradweg Viersen-West

AUF EINEN BLICK

Start: Bahnhof Viersen-Dülken

Anfahrt: (Bahn) mit der Linie RE 13, (Pkw) A 40, Ausfahrt 5, dann L 362

Ziel: Bahnhof Kempen

Sehenswürdigkeiten: Narrenmühle, Amerner Mühlenturm, Burg Brüggen, Naturschutzgebiet Brüggener und Brachter Wald, Burg Kempen

Einkehrmöglichkeiten: Alte Brüggener Mühle, Zur Kapelle an der Heide in Niederkrüchten, Mazi am Bahnhof in Grefrath

Länge der Strecke: 70 km

Schwierigkeitsgrad: mittel

Wegbeschaffenheit: gute, asphaltierte Wege, teils unbefestigte Wege

Beschilderung: Bahnradweg Kreis-Viersen, NRW-Radverkehrsnetz

GPS-Daten zur Tour 12 abrufbar unter www.bachem.de

Wir starten zum zweiten Teil des Bahnradwegs Viersen und fahren ins Grenzgebiet zu den Niederlanden. Vom Bahnhof in Dülken gelangen wir nach wenigen Tritten auf die Trasse, die uns durch die schöne Natur führt. Alte Gehöfte, Wind- und Wassermühlen sowie Burgen prägen den westlichen Niederrhein. Kopfweiden säumen den Weg und vorbei an Relikten aus der guten alten Zeit der Eisenbahn radeln wir entlang der Grenze zu Limburg. Auf unserem Weg treffen wir auf ein ehemaliges Militärgebiet mit seiner einzigartigen Flora und Fauna. In Kaldenkirchen führt uns die Strecke wiederum auf einen bequemen Trassenweg auf dem wir bis zum Ziel in Kempen bleiben. Wunderschöner Niederrhein!

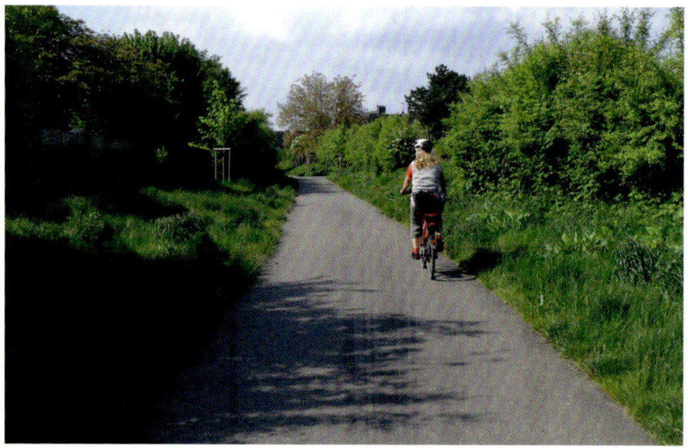

Beginn der Trasse bei Viersen-Dülken

Vorherige Seite: Auf der alten Bahntrasse in Amern

Vor dem Bahnhof in Dülken, einem Stadtteil von Viersen, suchen wir das Schild mit dem Knotenpunkt (KP) 92 und orientieren uns zum KP 64. Nach rechts rollen wir auf dem schmalen Weg zwischen den Schienen und den Häusern zur Tilburger Straße und fahren dann links weiter. An der kommenden Kreuzung wenden wir uns nach rechts und radeln auf der Albertstraße bis zur Ampel. Wir überqueren die Bücklerstraße, rollen auf die Friedhofstraße und fahren ein Stück bergauf. Hinter den letzten Häusern führt uns die Strecke dann links auf die Trasse. Diese zweigte unmittelbar hinter uns vom Bahnhof Dülken ab, durchquerte die Felder und führte bis nach Brüggen. Ende des Jahres 1890 wurde die Weiche von Dülken nach Waldniel gelegt. Ab diesem Datum verkehrten die Personen- und Güterzüge auf dieser Strecke. Bereits 1966 wurde der Personenverkehr eingestellt und um 1998 verließ die letzte Lokomotive die Gleise. Wir radeln nun in den Westen von **Dülken**. Hier befand sich früher ein Bahn-Haltepunkt. Bald überqueren wir die Venloer Straße, die einst mit einer Brücke überspannt war. Schnell sind wir wieder aus dem Ortsteil von Viersen herausgefahren und rollen über die Felder gen Südwesten. Wer noch einen Blick auf die **Narrenmühle** (Seite 113) werfen möchte, biegt am Amener Weg links ab und fährt bis zur Lange Straße und dort rechts steht die Bockwindmühle. Der Rückweg ist identisch mit dem Hinweg. Über den KP 64 geht es weiter geradeaus bis zum KP 38. Bis in den Ort Schwalmtal müssen wir nur vereinzelt von der Trasse auf andere Wege ausweichen. Das Gelände der alten Trasse ist oft verkauft worden, deshalb ist der Trassenweg nicht durchgängig zu befahren. In **Birgen**, wo die Trasse unterbrochen ist, gab es bis 1966 einen kleinen Bahnhof. Heute ist dort nichts mehr zu finden von der einstigen Schwalmtalbahn, wie sich der Streckenabschnitt zwischen Dülken und Schwalmtal-Waldniel nennt. Wir fahren auf dem Radweg in den Ort **Waldniel** hinein und treffen dort wieder auf den Trassenweg. Der Ort wurde bereits im Jahr 1020 in Urkunden erwähnt. Hübsch ist der große Marktplatz mit den alten Häuschen ringsum. Durch Felder radeln wir auf dem Trassenweg weiter. An den kleinen Orten Amern zur Rechten und St. Anton zur Linken fahren wir weiter dem **Naturschutzgebiet Tantelbruch** entgegen. Hier verlassen wir auch die ausgebaute Trasse für einige Kilometer. Das leicht bewaldete und von zahlreichen kleinen Wasserläufen durch-

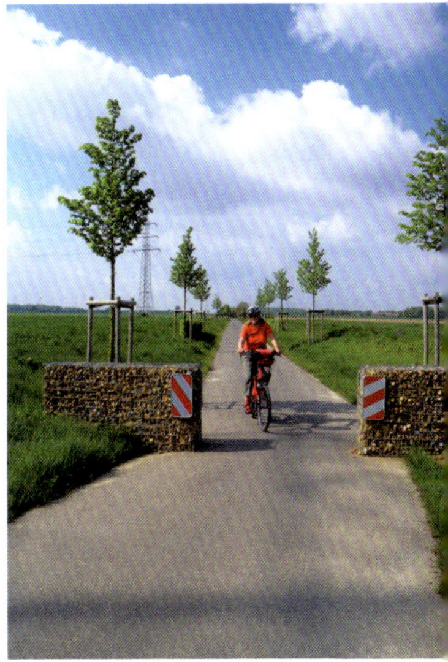

Bahntrassenradeln zwischen Dülken und Waldniel

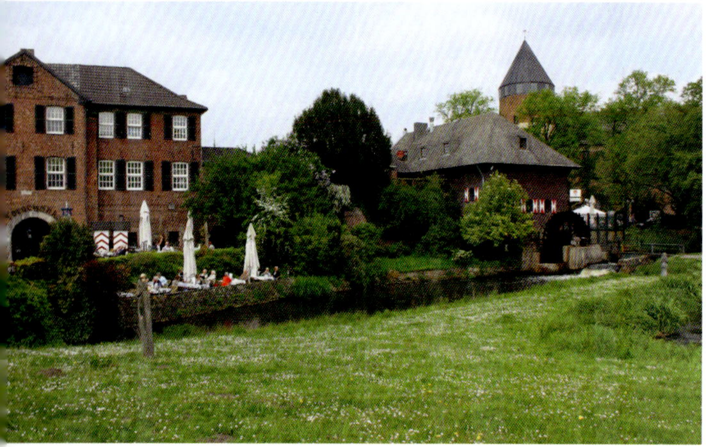

zogene Gebiet ist schon seit vielen Jahren zum Naturschutzgebiet erklärt worden. Durch diese Schutzmaßnahmen wird versucht, selten gewordene Tiere wieder heimisch werden zu lassen, z. B. die Rohrdommel und den scheuen Eisvogel.
Wir bleiben auf dem Weg und suchen den KP mit der Nummer 38, die bald auftaucht. Unser neuer KP lautet danach 28 und wir steuern ihn an. Wir folgen den roten Pfeilen beziehungsweise Wegweisern und erreichen bald den KP 28 und nehmen dann den KP 90 in Angriff. Wir kommen nach **Born** und damit zurück auf die Trasse. Teilweise sind noch Schienen und alte Signalanlagen hier zu sehen. Am **alten Bahnhof** von Born sehen wir auch den Pfahl, der auf den KP 90 hinweist. Wir wählen die Richtung zum KP 27 und radeln auf dem Trassenweg nach Brüggen. Meist ist hier einiges los, da es viele Menschen an den nahe gelegenen **Borner See** zieht. Der See entstand durch den Abbau von Torf im Laufe des 16. Jahrhunderts. Heute ist er ein beliebtes Ziel für Jogger, Wanderer und Radfahrer.
Am KP 27 in **Brüggen** können wir kurz nach rechts fahren und sehen auch bald die alte Lokomotive, die „**Brüggener Klimp**“. Im Volksmund wurde die Bahn von Dülken nach Brüggen so genannt. Es ist nicht eindeutig geklärt, woher der Name stammt. Wir radeln zurück zum KP 27 und fahren geradeaus zum KP 10. Gleich in der ersten Kurve in Brüggen befindet sich die **Burg Brüggen**. Sie stammt aus dem späten 13. Jahrhundert, gelangte zu Beginn des 14. Jahrhunderts in den Besitz der Herzoge von Jülich, die die alte Burganlage umbauten und erneuerten. Heute ist die Wasserburg im Privatbesitz. In der Burg befinden sich das kleine **Naturkundemuseum Mensch und Jagd** und die Tourismusinformation von Brüggen. Wir radeln weiter, überqueren die Schwalm und erkennen links die Wassermühle mit ihrem drehenden Rad. Hier befindet sich heute die Gaststätte **Alte Brüggener Mühle**, wo wir uns ein wenig stärken können.
Nach wenigen Pedaltritten sind wir auch schon aus dem Ort Brüggen hinaus und fahren auf dem Radweg neben der

Wassermühle in Brüggen

Straße nach **Elmpt**. Ganz in der Nähe befand sich einer der größten Militärstützpunkte der Britischen Armee. 1952 wurde der Wald an dieser Stelle gerodet, das Gebiet trocken gelegt und der Stützpunkt gebaut. Bis 2001 waren britische Soldaten hier stationiert.

Wir fahren in Elmpt nach links und radeln nach **Oberkrüchten** zum KP 10 weiter. Von dort geht es in Richtung KP 21. Oberkrüchten ist ein schmucker, kleiner Ort mit einigen Bildstöcken entlang der Straßen, die zu bewundern sind. Achtung in der Ortsmitte müssen wir rechts auf den Lamertzweg einbiegen, schnell ist man daran vorbeigefahren. Danach geht es weiter in Richtung KP 21. Nun befinden wir uns nicht weit entfernt von der Grenze zu Limburg, einer Provinz in den Niederlanden. Hier lagen früher die Gleise der Bahnstrecke, die von Dalheim zum Militärdepot führte. Die Zweigstrecke wurde nach dem Zweiten Weltkrieg errichtet und diente der Royal Air Force, die die Gleise nutzten.

Wir fahren nun zum KP 26 und kommen erneut nach **Elmpt**, radeln aber diesmal in den Ort hinein. Vom KP 26 geht es nun zum KP 39 in **Overhetfeld**. Dort biegen wir um eine Ecke und stehen auf einem wunderschönen Platz mit einer Kapelle sowie dem **Restaurant Zur Kapelle auf der Heide**. Wir orientieren uns nun zum KP 88, der etwas weiter entfernt liegt, zusätzlich weist uns das kleine Signet des Bahnradwegs den Weg. Wir radeln nun durch eine wasserreiche Landschaft mit zahlreichen Brüchen und Kanälen. Als Erstes passieren wir einen Kanal, dann die Schwalm und fahren zwischen Dahmensee und Coenen Benden hindurch. An der Swalmener Straße biegen wir nach links auf den Radweg und fahren etwa zweieinhalb Kilometer zwischen Kanal und Straße weiter. Mit etwas Glück sehen wir die Arbeit der Biber, die hier wieder heimisch geworden sind. Nach der angegebenen Strecke überqueren wir die Straße und gelangen rechts zu einem Zaun. Hier befindet sich ein Drehkreuz, durch das wir hindurch können. Ein klein wenig bergauf

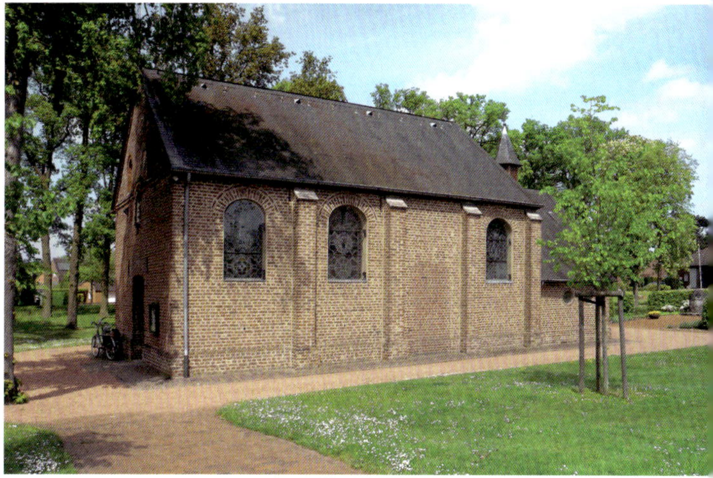

Kapelle an der Heide

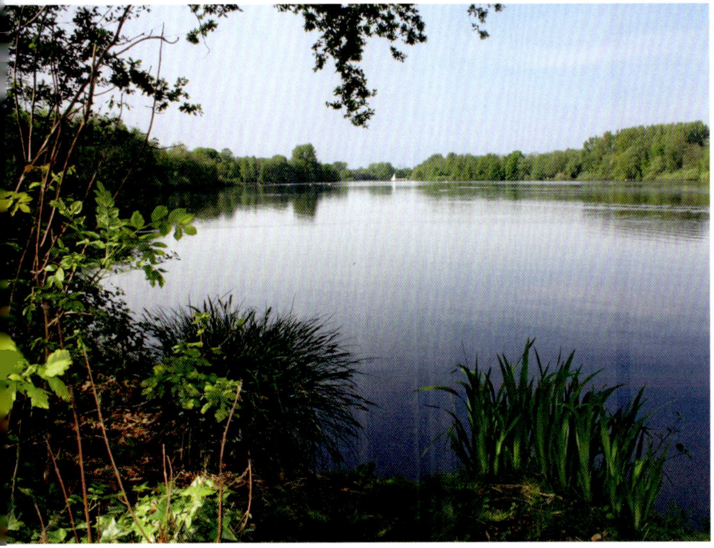

führt unser Weg nun in das **Naturschutzgebiet Brüggener und Brachter Wald**. In Zeiten des kalten Krieges war das gesamte Gelände militärisches Sperrgebiet. Die britische Rheinarmee hatte hier das größte Munitionsdepot in Europa aufgebaut. 1996 wurde das Waffenarsenal aufgelöst, zwei Jahre später das gesamte Gelände von der Nordrhein-Westfalen-Stiftung Natur- und Heimatschutz erworben und seit dem Jahre 2000 in den Naturschutzstatus erhoben. Heute wird es als Rad- und Wanderparadies genutzt. Der militärische Einschlag ist noch deutlich zu erkennen, aber die Natur erobert sich das Gebiet ganz langsam zurück. Wir radeln gemächlich durch die Heidelandschaft und sehen auch ab und an mal alte Schienen auf den Wegen liegen. Es herrschte wegen der militärischen Nutzung einst ein reger Güterverkehr auf dem Gelände. Hier gab es nicht weniger als vier Verladebahnhöfe.

Bald verlassen wir wieder das Naturschutzgebiet und radeln auf den KP 88 in **Heidhausen** zu. Über den KP 62 in **Kaldenkirchen** führt die Strecke bald weiter zum KP 61 am Bahnhof des Orts. Dort begeben wir uns auf die Trasse und fahren zum KP 12. Erst 2013 endgültig fertiggestellt, erfreut sich die Trasse des Bahnradwegs Viersen sehr großer Beliebtheit. 1868 wurde die Strecke in Betrieb genommen und transportierte bis in die 1970er-Jahre Güter und Personen. Der Teil von Grefrath nach Kempen ist schon seit vielen Jahren zum Rad- und Wanderweg ausgebaut. Die restliche Strecke zwischen Kaldenkirchen und Grefrath blieb lange verwaist und wurde erst in den Jahren ab 2010 zum Radweg fertiggestellt. Wir radeln auf den ersten Metern durch das Industriegebiet von **Kaldenkirchen** und erkennen links bald ein altes Bahnwärterhäuschen, das sich in Privatbesitz befindet. Die Brücke über die A 61, über die wir nun hinwegfahren, ist neu errichtet worden, da die alte nicht mehr den Belastungen

Am De Wittsee

Stand hielt. Wir passieren eine Kreisstraße und fahren zwischen zwei Seen hindurch. Der Fahrdamm wurde aus dem Abraum der Bahnstrecke erstellt, denn früher war hier nur ein See. Wir kommen direkt an den KP 12 und radeln weiter geradeaus auf der gut ausgebauten Strecke zum KP 63. Die Gleisbetten wurden im Bereich von **Lobberich** nicht alle ausgebaut, sodass wir teils direkt neben den noch vorhandenen Schienen fahren. Bald geht es über den Schlibecker Berg hinüber, einem Ausläufer der Süchtelner Höhen. Der KP 63 ist in Sicht und wir fahren weiter zum KP 81. Wir rollen nach **Grefrath** hinunter und müssen dort auf den Straßen durch den Ort radeln, um auf der gegenüberliegenden Seite am Bahnhof wieder auf die Trasse zu gelangen. Wir treffen auf alte Signalanlagen und Reste von Gleisen, die an der Strecke stehen. Am Flüsschen Niers sehen wir den KP 81 und fahren nun zum KP 5. In **Mühlhausen** radeln wir auf den Bahnhof zu, der heute das **Restaurant am Bahnhof** beherbergt. Über die Felder geht die Fahrt weiter über die KPs 5, 7 und 10. Wir erreichen den Stadtring von **Kempen** und fahren im Uhrzeigersinn um die Stadtmauer zur Burg. Wir steuern kurz hintereinander die KPs 94, 8 und 11 an. Die **Burg Kempen**, an der wir vorbeikommen, ist noch ein lohnendes Ziel für den Abschluss. Im 13. und 14. Jahrhundert erbaut war sie eine Landesburg der Erzbischöfe von Köln. Sie wurde mehrfach umgestaltet, bis ein Brand Mitte des 19. Jahrhundert große Teile davon zerstörte. Danach wurde sie im historischen Stil neu aufgebaut. Da noch viel von der originalen Bausubstanz erhalten ist, gilt sie heute als eine der besterhaltenen kurkölnischen Burgen aus dem 14. Jahrhundert. Wir beenden unsere Tour am Bahnhof in Kempen und freuen uns über diesen schönen Tag auf dem Bahnradweg.

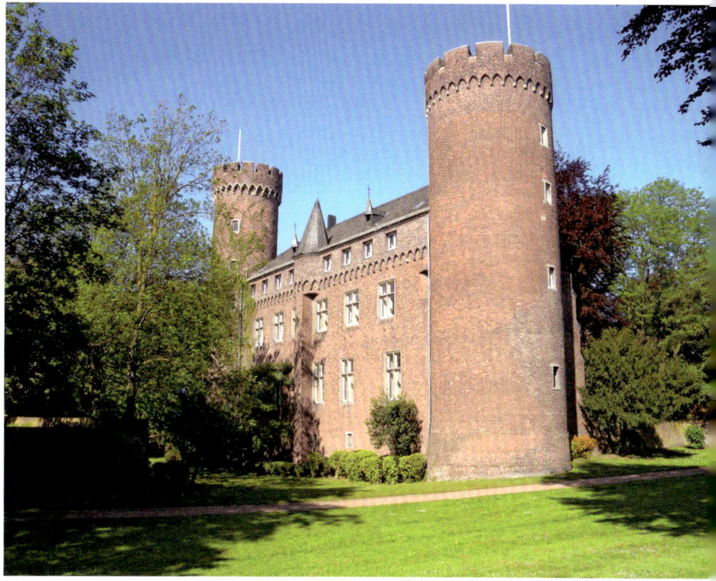

Die stattliche Burg Kempen

Vor dem Bahnhof stehend (KP 92) fahren wir nach **rechts➔** zum KP 64; weiter geht es zum KP 38; in **Amern** über den KP 28 und KP 90 zum Bahnhof in **Born**; weiter geht die Fahrt zum KP 27; in **Brüggen** zum KP 10 lenken und bald darauf zum KP 21 weiterradeln; dann geht es über den KP 26, KP 39 zum KP 88; in **Kaldenkirchen** erwartet uns zuerst der KP 62 und kurz danach der KP 61; weiter auf der Trasse zum KP 12; der KP 63 wird das nächste Ziel; dann folgen KP 81, KP 5 und KP 7; weiter geht es zum KP 10; in der Stadt **Kempen** kommen ziemlich schnell hintereinander die KPs 94, 8 und KP 11; nun ist der Bahnhof in Kempen erreicht.

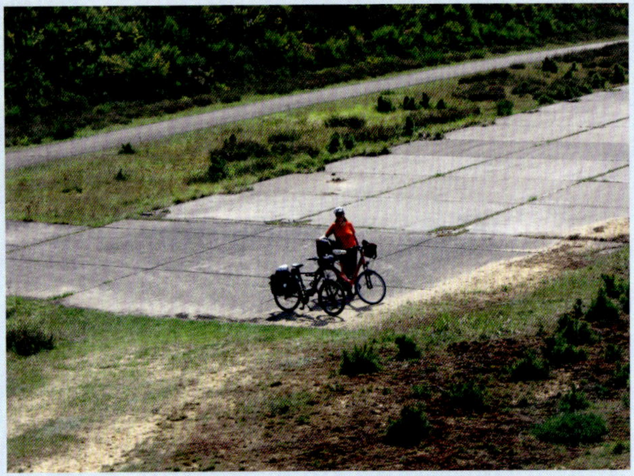

Im ehemaligen Munitionsdepot

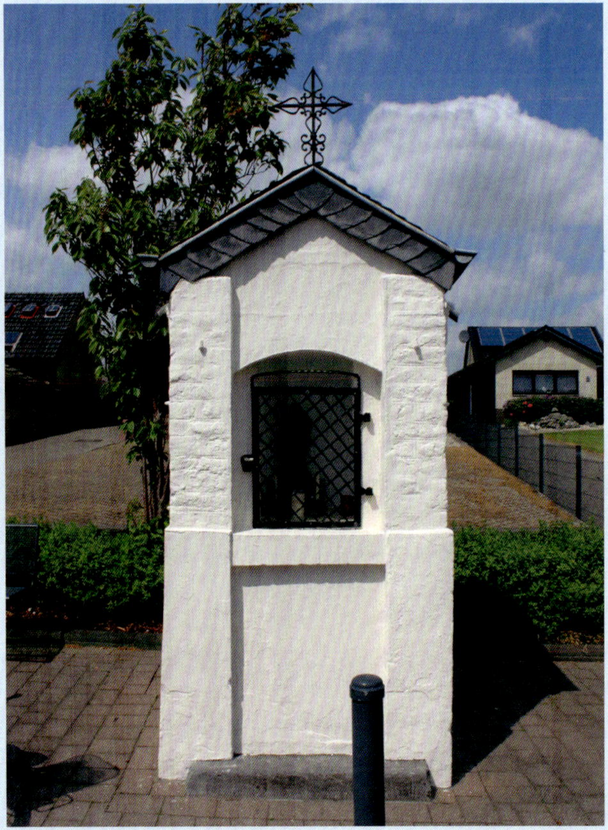

Bildstock in Oberkrüchten

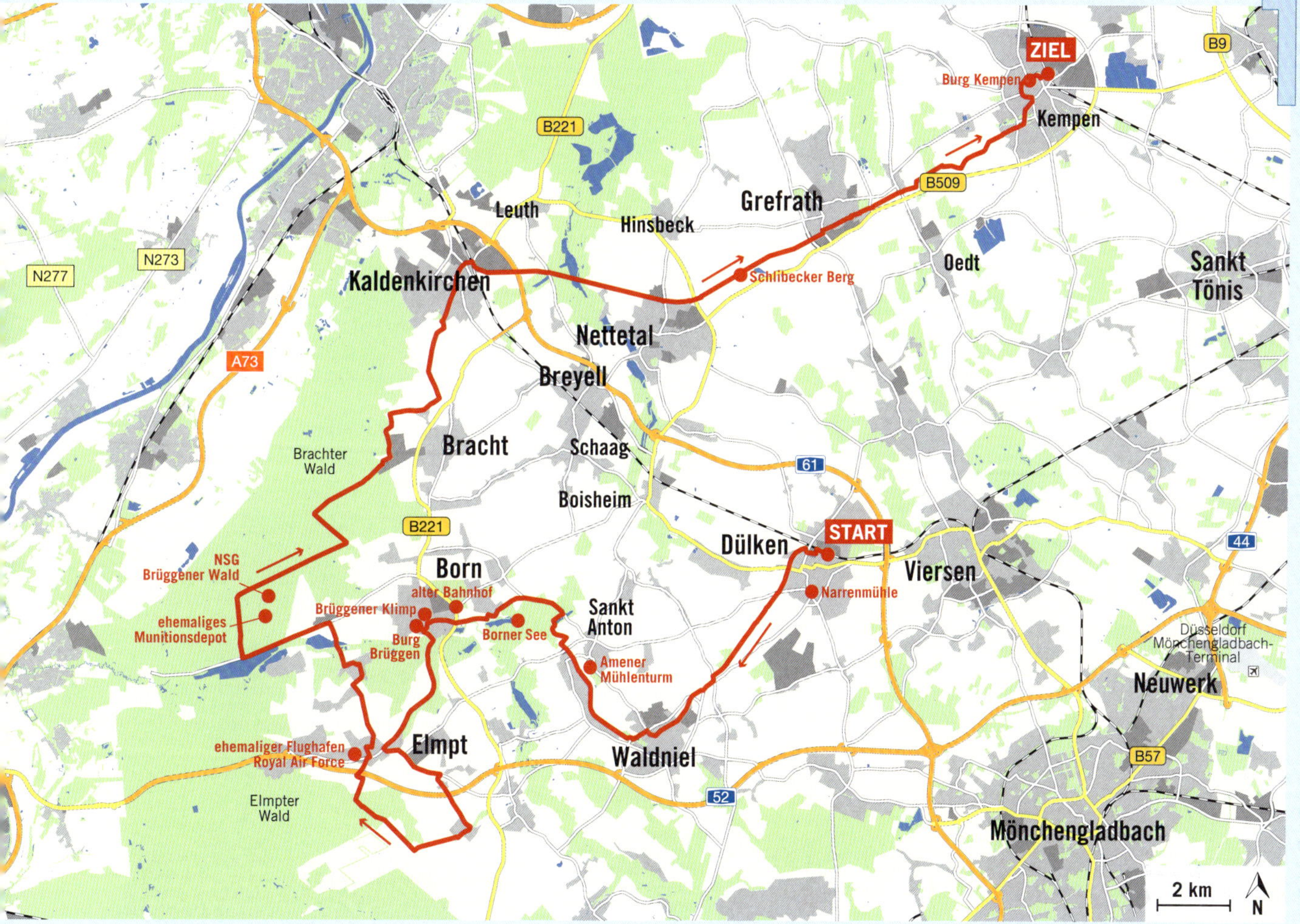

GPS-Daten zur Tour 12 abrufbar unter www.bachem.de

Tourismus-Informationen

Tourist-Info Viersen
Willy-Brandt-Ring 13
41747 Viersen
Tel. 02162/81 79 03
www.niederrhein-tourismus.de

Museen und Sehenswürdigkeiten

Museum Mensch und Jagd
Burgwall 4
41379 Brüggen
Tel. 02163/57 01–47 11
www.menschundjagd.de
Öffnungszeiten: Di-Fr 10–16 Uhr,
Sa 10–16 Uhr, So 10–14 Uhr

Museum Narrenmühle
Rheindahlener Straße
41751 Viersen-Dülken
www.narrenakademie.de
Öffnungszeiten: So 11–12 Uhr

Einkehrmöglichkeiten

Alte Brüggener Mühle
Burgwall 3
41379 Brüggen
Tel. 02163/63 22
www.altebrueggenermuehle.de

Café Restaurant Zur Kapelle an der Heide
An den Heiden 3
41372 Niederkrüchten-Overhetfeld
Tel. 02163/8 32 62
www.haus-hildegard.com

Mazi am Bahnhof
Am Bahnhof
Hauptstraße 66
47929 Grefrath
Tel. 02158/57 20

Fahrradservice

Radsport Jurk
Ungerather Straße 60
41366 Schwalmtal-Waldniel
Tel. 02163/5 76 17 27
www.radsport-jurk.de

Teeuwen Radsport
Kehrstraße 2
41334 Nettetal-Kaldenkirchen
Tel. 02157/51 41

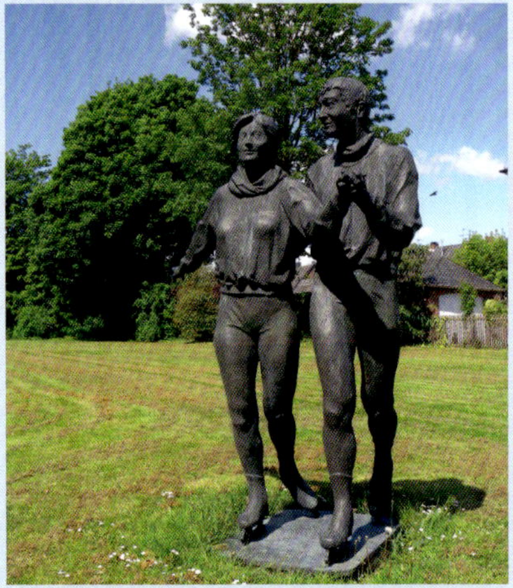

Schlittschuhläufer in Grefrath

BETT+BIKE-UNTERKÜNFTE

Tour 1

Jugendherberge Duisburg Landschaftspark Nord
Lösorter Straße 133
41137 Duisburg-Landschaftspark
Tel. 0203/41 79 00
www.duisburg-landschaftspark.jugendherberge.de

Tour 2

Hotel Zur Flora
Landsberger Straße 87a
45219 Essen-Kettwig
Tel. 02054/9 52 60
www.hotel-zur-flora.de

Parkhaus Hügel
Freiherr-vom-Stein-Straße 209
45133 Essen-Bredeney
Tel. 0201/47 10 91
www.imhoff-essen.de

Tour 3

Hotel Ambassador City
Viehofer Straße 23
45127 Essen
Tel. 0201/24 77 30
www.novum-hotels.com

Tour 4

Jugendgästehaus Grimberg e.V.
Grimberger Allee 10a
45889 Gelsenkirchen
Tel. 0209/8 66 77
www.haus-grimberg.de

Jugendgästehaus Bermuda3Eck
Humboldtstraße 59–63
44787 Bochum
Tel. 0234/41 75 79 90
www.djh-wl.de/bochum

Tour 5

Jugendgästehaus Grimberg e.V.
Grimberger Allee 10a
45889 Gelsenkirchen
Tel. 0209/8 66 77
www.haus-grimberg.de

Alte Lohnhalle
Rotthauser Straße 40
45309 Essen-Kray
Tel. 0201/85 76 57 70
www.alte-lohnhalle.de

Tour 6

Hotel Am Schlosspark Herten
Reeser Weg 36
45699 Herten
Tel. 02366/8 00 50
wwww.hotel-am-schlosspark-herten.ruhr

Residenz Hotel
Josef-Wulff-Straße 75
45657 Recklinghausen
Tel. 02361/9 17 10
www.residenz-recklinghausen.de

Tour 7

Gästehaus Marina-Nord
Friedrich-Ebert-Platz 2
59192 Bergkamen-Rünthe
Tel. 0160/7 67 02 76
www.gaestehaus-bergkamen.de

Tour 8

Jugendgästehaus Dortmund
Silberstraße 24–26
44137 Dortmund
Tel. 0231/14 00 74
www.djh-wl.de/dortmund

Ardey Hotel
Ardeystraße 11–13
58452 Witten
Tel. 02302/98 48 80
www.ardey-hotel.de

Tour 9

Jugendherberge Wuppertal
Obere Lichtenplatzer Straße 70
42287 Wuppertal
Tel. 0202/2 81 57 60
www.wuppertal.jugendherberge.de

Tour 10

Hotel Moerser Hof
Römerstraße 464
47441 Moers
Tel. 02841/9 52 10
www.hotel-moerser-hof.de

Tour 11

Hotel Kolpinghaus
Peterstraße 23
47906 Kempen
Tel. 02152/51 80 71
www.kolpinghaus-kempen.de

Tour 12

Brüggener Klimp
Burgwall 15
41379 Brüggen
Tel. 02163/95 50
www.brueggener-klimp.de

Hotel Haus am Rieth
Reinersstraße 5
41334 Nettetal-Lobberich
Tel. 02153/8 01 00
www.hotel-haus-am-rieth.de

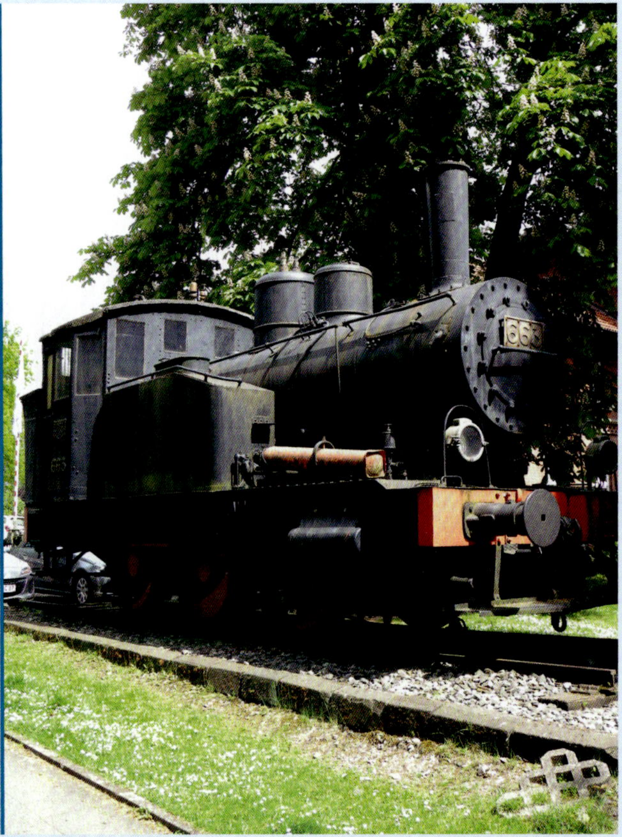

Die Lokomotive „Brüggener Klimp“